戰勝自己

Fight Against Yourself

細數四千多個心牢的日子

深呼吸 放輕鬆

藉由出國旅行、宗教信仰及種種放鬆法，

你可以擺脫心靈的桎梏，迎向美麗人生・・・

王世真 著

【序文】可以借鏡而自我成長的一本書

簡錦標教授
國立台灣大學醫學院醫學士
美國哈佛大學醫學院研究院
美國洛杉磯加州大學(UCLA)精神科教授
行政院衛生署國民衛生諮詢委員會精神醫療小組招集人
台北市立療養院院長
中華民國精神醫學會理事長
國立台灣大學精神科兼任教授
美國洛杉磯加州大學（UCLA）精神科名譽教授
美國精神醫學會院士

本書之誕生

要讀一本書，若知道該書創作之來龍去脈，你對書中主訴亦能較易掌握。

作者曾親自經驗恐慌症十幾年，將其心路歷程以秀麗順暢文筆表達呈現，一則可抒發緩經其症之苦痛，二則可分享其經驗給社會大眾做為衛生教育之題材，可謂是頗具建設性之舉。近幾年來市面上不乏恐慌症之書籍，但大部分是國外病例之翻譯或是由作家採訪恐慌症的個案而非第一手報導。本書之可貴在於本土之真實個案以中文親自撰寫其心路歷程饗予國人，讀者應可感謝本書之特殊價值。

在著書之前，作者偶然從報上看見一篇報導，得知高中時代的護理老師—莊桂香女士的消息，並拜讀莊女士二十年躁鬱症之奮鬥史，該書名為「三種靈魂」。細讀之後，原先滿腹的委屈和痛苦似乎有了共鳴的對象，無限的感傷和同病相憐之情油然而生，這樣的機緣奠下了作者創寫本書之堅定意念。

一九九0年代，恐慌症的確是台灣精神醫療界（尤其是門診）的寵兒，新聞媒體爭先報導，但隨著精神醫學之時尚，在二000年代，憂鬱症成為媒體焦點。有關於此的相關報導亦不少。據臨床之調查，恐慌症常可轉移或合併憂鬱症，有時與廣泛性焦慮症或強迫神經症交替或併存，因此恐慌症之自助團體—中華民國生活調適愛心會常以「三合一」為常見的病情安慰病友之憂慮。作者在其漫長的病程中顯然經驗過恐慌症、憂鬱症及廣泛性焦慮症，即所謂「三合一」症狀。在強調憂鬱症的現今，本書仍可提供良好的教材，使民眾有更深入的瞭解。

從書名探討應有之心態

本書書名為「戰勝自己」，對於常刻求完美，套牢在自己設定的「理想」框框套牢的病友，往往因長期的武裝、不停的警覺戒嚴，奮戰不懈的結果，終至於「橡皮疲勞症候群」，臨床上我們觀察到產生生理症狀之所謂自律神經失調症，對精神官能症病友而言，寬恕自己，接納自己，順其自然，是認知行為治療之最高目標。我想書名若為「接納自己—跳脫四千多個心牢的日子」，可能意味著作者更進一步的成長。

能捨能得，活在當下

本書第一部「花樣年華」描述幸福的青春時期，後來遠嫁他鄉，失去了習慣的生活環境，社會支持網頓時出現一個大破洞，作者顯然受苦於失落感，套牢於過去；第二部「生命的困境」提起外婆之死。相繼而來的失落感及空虛往往構成致病之原因，也常成為病人最好之藉口，模糊了問題癥結所在，更無法有效的去面對、解決。第三部「戰勝自己」敘述作者如何改變自己，並將自己所悟到的人生觀分享給別人。在認知行為團體心理治療之中，我們常聽到病友悟到「改變別人，不如改變自己」的大道理，以前的你是不能跳脫自我枷鎖而只能怨怪他人的可憐蟲，如今你卻可接納自己，感受到施捨的快樂，知足且感恩。宗教信仰之依賴也是認知改變之延伸，強化自我解脫能力，關懷別人、寬恕別人，達到心靈的脫胎換骨。

認知的改變　心靈的成長

作者在本書結尾，第十章提起日本森田療法常用之詞句，這二十個漢字其實源自佛教釋迦牟尼第二十代弟子達摩大師。他說：「心隨萬境轉，轉虛實能幽，隨流認得性，無喜亦無憂。」人生如水流，「無常」就是常，自己作自己的主人，而不要淪為情緒的奴隸。作者在其自序結語也引用了般若波羅密多心經的一段落：「以無所得故，菩提薩埵、依般若波羅密多故心無掛礙、無掛礙故、無有恐怖，遠離顛倒夢想，究竟涅槃。」可見得了恐慌症的作者在其療程中，驗證了認知的改變具有無比的療效，而成為心境改變之最佳見證人。我非常贊同作者抱定終生學習、自我改變的態度，「羅馬不是一天造成的」，希望本書能給讀者帶來一些省思和啟發，進而創造出身心健康的生活。

【序文】向一個勇士致敬

楊聰財
輔仁大學醫學院醫學系助理教授
財團法人天主教耕莘醫院心理衛生科主任
臺灣精神醫學會家庭暴力暨性侵害防治學術委員會執行秘書長
臺灣家庭暴力暨性侵害處遇協會執行秘書長
前國軍北投醫院醫療部主任
美國杜蘭大學公共衛生醫學博士
哈佛大學公共衛生學院研究進修
國防醫學院醫學系

很謝謝王世真女士讓本人有機會為此書寫序。

一本好書

王女士以一個「恐慌症」患者的身分，娓娓道來她的成長史、發病史以及極具勇氣的治療史；從心理學的角度來看，作者本身除了可藉由敘事來進行療傷治療，尚可達到助人的目標。而作者勤研書籍，讀者又可以在書中字裡行間，讀出其引用的適當與巧妙，並領會文章意涵理感兼顧的境界。

「恐慌症合併懼曠症」、「廣泛性焦慮症」

現代精神醫學對於任何的精神疾病，都會以生物性【生理性】、心理性、社會性【環境性】去探索其病因，規劃最適當的治療以及預防之道。作者在書中所提的「恐慌症合併懼曠症」以及「廣泛性焦慮症」【見第二部】都屬於「焦慮疾病」【其他的焦慮疾病還包括：特定對象畏懼症、社會畏懼症、強迫症、創傷後壓力疾病、急性壓力疾病、廣泛性壓力疾病】。

「恐慌症」典型的症狀及病徵包括：

1、害怕的症狀：在十分鐘內快速增強，並有一種即將面臨災難及死亡的感覺；
2、注意力混亂而無法集中精神；
3、心跳加速、心悸、呼吸困難、流汗；
4、言語結巴、影響記憶力；
5、十分在意有關於心臟或呼吸導致死的問題；
6、其中有20％病人會暈厥；
7、症狀可以在不預期的情形下出現，然後很快或緩慢的消失（通常20—30分鐘）；
8、恐慌發作可以伴隨或不伴隨『公共場所畏懼症』[agoraphobia]（害怕單獨出門、在人群中、在飛機上、橋上或是公車、火車或汽車中）。

恐慌症常見的併發症包括：

1、正常的活動限制。

2、逃避：例如，搭車、出門購物。
3、憂鬱。
4、酒精及其他物質濫用。
5、增加自殺危險率。
6、家庭、學校及工作受影響。

病因學方面，依腦科學的研究指出，腦中的神經傳導物質【俗稱內分泌】，例如：腎上腺素、色胺酸、伽瑪－胺基丁酸(r-aminobutyric acid)已知可能有關。所牽涉到的腦中部位包括藍斑(Locus ceruleus)、中縫核(median raphe nucleus)、邊緣系、前額皮質及顳葉。另外也發現患者接觸某些促發劑(Pancogens)包括一氧化碳、乳酸鈉、、膽囊收縮素(cholecystokinin)、咖啡因及isoproterenol等，極可能會誘發恐慌發作。另外由認知—行為心理學派來看，認為焦慮是一種學習反應，更可能在腦部的弱勢(vulnerability)狀態下造成恐慌症狀反覆發作。

治療方面，目前已有非常有效的治療方式。包括：

1、飲食及生活習慣：減少咖啡攝取及尼古丁、酒精與大麻使用。
2、藥物治療：依據病患體質，經評估後，可用選擇性血清素回收抑制劑(SSRIs，抗憂鬱劑)、苯二氮平(BZD，抗焦慮藥物)。
3、非藥物治療：依據病況，病患要同時接受認知—行為治療、家族治療、團體治療、放鬆治療、和呼吸訓練(以控制過度換氣)。

廣泛型焦慮症(generalized anxiety disorder，GAD)的臨床特徵是「難以控制的過度焦慮以及擔憂，持續6個月以上，並且範圍包含了許多不同的活動或事件」。這種焦慮感伴隨著以下各項，必須至少包括3項：

1、靜不下來的感覺，浮躁或者不耐煩(on edge)。
2、容易疲累。
3、難以保持專心或腦中一片空白。
4、情感易激躁。
5、肌肉緊張。
6、睡眠障礙(難以入睡或保持睡眠，或睡不安寧)。

病患至第一線或家庭醫師處求診時，常常是以無法解釋的身體症狀為主(如：胸痛、腸道激躁症狀、以及過度換氣等)，而且否認或忽略緊張焦慮的症狀。在這些病患中，有50%沒有被診斷出廣泛型焦慮症。在診斷以及治療廣泛型焦慮症之前，必須要先排除身體的疾病。不過，大部分廣泛型焦慮症的患者會有並存的精神疾病(例如：恐慌症)。

廣泛型焦慮症(generalized anxiety disorder，GAD)常有的的併發症包括整體的身心健康程度下降，工作功能、社會以及家庭功能障礙，並對生活的滿意程度不佳。

病因學方面，目前的精神醫學發現主要有

1、生理(生物因素)：廣泛型焦慮症對壓力有持續性、不正常的反應，可能和正腎上腺素系統、血清素系統、gamma-aminobutyric acid (GABA)接受器、以及下視丘－腦下垂體－腎上腺皮質分泌軸相關。

2、社會心理因素：高度壓力性的生活事件和廣泛型焦慮症的發作有相關性。

治療方面，目前主要的治療方式。包括：

1、飲食及生活形態：儘可能減少壓力、酒精、煙、以及其他藥物使用；並增加運動量。

2、藥物治療：如同恐慌症，依據病患體質，經評估後，可用選擇性血清素回收抑制劑(SSRIs，抗憂鬱劑)、苯二氮平(BZD，抗焦慮藥物)。治療目標主要在獲得廣泛型焦慮症的緩解以及預防再發。

3、非藥物性治療：不同方式的心理治療搭配藥物治療可以獲得長期的改善、並可縮短個案需要藥物治療的時間。

對於廣泛型焦慮症的病程，要提醒的是：

1、它是一種慢性的疾病，而且需要長期的治療。

2、再發是典型的病程中的過程，而不應該被視為治療失敗。

3、常常會有期間不定的症狀沉寂期。

4、如果症狀再發生，則考慮更長期的治療。

5、短期、針對特定症狀的治療常常有幫忙。

現身說法，助人助己

作者曾於書中第七章提到參予「生活調適愛心會」，並到國軍北投醫院進行演講，也讓本人勾起一段協助恐慌症病患團體治療的難忘回憶。時間倒帶到民國八十二年，前台北市立療養院簡錦標院長主持，帶領包括彭素玲醫師、詹佳真醫師、以及我【當時是以國軍北投醫院主治醫師身分參加】等精神醫療團隊與一群深受恐慌症之苦、嚴重影響身心、人際、工作、與社會功能的病患，攜手合作、對抗這樣的現代文明病，透過藥物、團體互助、以及教育病患家屬的多元化治療，體驗到病患病況的明顯進步、痊癒，病患並進而成立「互助團體」，造福更多有所需要的病患；也讓台灣社會大眾對於「精神疾病」開始擺脫只會想到是「瘋子」的迷思，並讓大眾有信心的發現：原來精神疾病是可以痊癒的、是與腦中神精傳導物質【俗稱腦內分泌】發生失衡有關。

「家庭暴力」的提醒

書尾「幫助妳走出家庭暴力」，再一次顯示出作者對社會的關懷之心。本人身為「臺灣精神醫學會家庭暴力暨性侵害防治學術委員會執行秘書長」、以及「臺灣家庭暴力暨性侵害處遇協會執行秘書長」，對於作者以前瞻性的眼光、勇氣性的自白，提醒全國民眾，正視這個一直存在於社會各角落，造成眾多受害女性、兒童、老人等弱勢被害族群身心靈創傷、反過來需社會付出很高的醫療、福利等支出成本的惡質現象，深感佩服！

語重心長的提醒

歐美先進國家對於心理衛生及精神醫學的重視與接受行之有年，因為他們接受以下觀念：

1、身體各個器官皆有可能會生病，包括腦部；

2、腦部內分泌【神經傳導物質】發生失調會產生精神障礙症狀；

3、腦部生病和罹患糖尿病一樣，都應該看醫生。」

作者以「問神收驚無所不試」【見第三章】描述自己曾經有的治病經驗，這何嘗不是眾多台灣民眾面對恐慌症、憂鬱症、精神異常等精神疾病時常有的處理方式？據本人觀察，我國自1999年九二一集集大地震後，欣見大家逐漸增加（腳步仍很緩慢）對精神疾病的認識、與明瞭身心靈完整健康的重要性。患者的現身說法，如王世真女士的此本著作，更有拋磚引玉、減除其他患者甚至家屬忌諱就醫的擔憂。渴望大家都能以正確的態度，去照顧自己的生理與心理！

【序文】陪她走出痛苦的心靈牢籠—心牢也有鑰匙

關於「戰勝自己」

蔡盧浚醫師
現任為中興醫院精神科主治醫師
曾任台北市立療養院住院醫師
中山醫學院醫學系畢業

Fight Against Yourself，書名的英文名稱，是這本書一開始最吸引我注意的地方。

成功、勝利、堅持、克服、突破、超越……，通常人們並不懷疑這些正面、激勵人心的字眼。每當遭遇生命中的大小困境，努力克服，戰勝逆境，是我們生存的法則；屹立不搖終究苦盡甘來，是很值得欽佩的。但是，假如眼前必須戰勝的對象，是一種「疾病」，或者是自己一向賴以生存，那個「奮戰不懈的自己」，又該怎麼辦呢？

「痊癒」的過程，得經歷一場磨難、改變、行動，以及領悟。作者將自身罹患「恐慌症」和「廣泛性焦慮症」之後轉變的經過寫成一本書。我認為她必然有很深刻的體驗。讀者可於書中讀出她真誠寫下伴隨十一載的恐慌心路。

Against是對抗，自己與自己不停息的拔河，精疲力盡後，竟是輸給自己。釋放繩索，停止對抗，「與病共存」，平靜無憂是不必勝利也可以擁有的獎賞。

參加「團體治療」是作者求醫歷程中的重要決定。原本以為得不明原因的怪病，陷入恐懼與無助的情境，感覺到死亡即將降臨。透過熱心病友的建議，作者在團體治療中，和其他病友的分享經驗，獲得支持鼓勵，學會正確使用藥物加上認知行為治療，並且開始付諸行動，改變自己。學會放鬆了！可以搭車了！將心得寫下投稿，用轉移注意力克服焦慮。書中敘述她一點一滴的進步，讀來令人欣喜、感動。病友們改善後，把經驗再回饋給團體，讓往後參加的人能夠更快找到自助與助人的方法，是「團體治療」成功的特殊之處。作者的書亦即印證了這點。

生命時時有危機，焦慮感是我們注意各種可能的危險的反應，但強烈、持續的焦慮也會癱瘓我們的生活能力。如作者所言，「心隨境轉」，想法改變，感覺也會跟著不同，焦慮感就減輕了。「跳脫完美的枷鎖」，不再苛求，放自己一馬，失敗的不安也遠離了。而對病痛、死亡的恐懼，因為體悟到「生命無常」，停止倉惶的逃避，也可以坦然面對了。

最後必須提到，工作、環境、家人、成長背景等，是許多精神科疾病的發生或是長期無法改善的重要因素，但卻往往被忽視，或者否認，或者認定「不可能」去改變。在此引用電影「侏儸紀公園」中感人的一句話，「生命會找到自己的出路」，生命之路是寬廣的，世界更不是牢籠，「心牢」也有鑰匙，只是需要時間去尋找。

【序文】重逢

金歐女中／莊桂香護理教師

中國人最珍愛緣分，「相逢自是有緣人」是大家常掛在嘴邊的一句話。

三十年前，世真高中時代，我們有一段師生情緣，印象中的她，清秀乖巧、青春正茂；為師的我亦是不解世事滄桑的年輕教師；從未料到二年前，因為我出版一本傳記體的新書而又重逢。世真循書前來尋我，當她獻上鮮花趨前擁抱時，我看到她眼裡閃爍著悸動的淚光，那一刻既感動又傷感，游過三十年的時光之河，彼此都經歷了心靈的磨難，竟然成為真正的「同病相憐」的患難師生，頓時有「墜入塵網中，一去三十年」的迷惘。

世真罹患的「恐慌症」和我患的「躁鬱症第二型」，在精神醫學上的鑑別診斷和症狀雖然有所不同，但有一項共同的原因是「壓力」。人處在長期慢性壓力下，體內過度分泌的壓力賀爾蒙會強化交感神經的作用，首先影響器官的生理功能，最後壓力賀爾蒙回饋到腦部，破壞腦功能的平衡機制，精神疾病於焉產生。精神疾病在二十一世紀的今日，雖早已被精神生物醫學會定位為腦部慢性疾病，但是心理層面的壓力又如此息息相關，彼此互為因果，真是不容忽視。

吾非專業醫師，只因為多年來與躁鬱症共處，得以「以病為師」的功效，有時難免「好為人師」將心得與世真分享。世真給我的書信字跡娟秀端正也有不錯的表達能力，因此我鼓勵她書寫，因為在我的經驗中，文字流洩是高能量的釋放，也是最佳的心理治療，我想這也許是鞭策她出這本書的驅力之一吧！台灣出版業發達，有關精神疾病的書籍汗牛充棟，關於恐慌症的病人誌卻不曾見，因此就更凸顯出這本書的可貴。

閱讀病人誌除了有助於瞭解疾病狀況，還可以閱讀作者鮮活的生命故事，那常常是比疾病更動人更賺人熱淚的部分。世真致病的壓力來自於婚姻。

白居易有句詩：「來生莫做婦人身，百年苦樂由他人。」即是詩人描述千年前女人宿命的詩句。但願世真出書後，能化身為浴火的鳳凰，從此擺脫心靈的桎梏。

深 呼 吸

「眼前一片綠意，陶醉於大自然的懷抱。」春季三月，旅遊台東，於初鹿牧場留影。（1990 年）

【序文】祝福

生活調適愛心會理事長／蔡香蘋

在生活調適愛心會裡，如果提起罹患精神官能症者的性格特質，人人琅琅上口，倒背如流⋯。諸如：完美主義、好勝好強、介意他人評價⋯⋯等等。但我個人覺得應該再加上一項：「感情豐富」，無論是形諸於外的熱情，或是含蓄在內的深情。

多年來我和這群受苦的朋友深度接觸，有時陪伴他們回首探尋心靈暗處的種種纏縛糾葛，常常令我想起宋詞　木蘭花中的詩句：「無情不似多情苦，一寸還成千萬縷。」而世真恰恰是一個感性有情的女子，也就逃不掉受苦的一段路，我們可從她的文章中見到處處流洩著愛怨情傷的心路痕跡。

情感豐富的朋友本來對週遭人事物的變動就特別敏感，幸運者若懂得建立一套具有彈性、健康理性的認知系統，較有能力自我調適，則過多的情感也可以被昇華轉成生命的正向能量；若不幸，由於個人特質或習氣，長期被錯誤扭曲的思考慣性所操弄，豐沛的情感形成生命的沉重負擔。於是，即使一根細小的稻草，也足以壓垮一個人，對此相信世真有著深刻的體會。

在她的自序中提到，期許自己以智慧來處理感受，以理性來接受變數，這是世真有感而發的肺腑之言，是她以十一年的掙扎撕扯所焠煉得來的珠璣。我從多年前初次看到身穿紫衣，筆名紫楓，茫然無助如孩童的她；直至今日，讀她的書，為她寫序，看她保有赤子之心，能堅持自己的夢想，不禁為她的勇氣喝采，為她的改變讚嘆。

記得早期她常投稿愛心會會刊及各大報。當時，在簡錦標教授的團體治療下，將點滴心得分享病友，用轉移注意力去克服焦慮。不停的創作，無形中擺脫了疾病，找到了人生的方向—寫作。細細回味，總難忘懷她的寫作風格—不拘形式。透過瑰麗的自由文字，呈現隨性純真、少女般的熱情夢幻，呢喃著世真獨特的風格……。

再讀她的文章，更能體會這樣一個女子的靈魂深處，有著多少不被理解的的孤寂、害怕、渴望等等。十一年前她的恐慌症發病，其實是她生命負向能量蓄積之下的爆發，它不是命運，也不是悲劇，反倒是個人靈性成長的一大開啟，此書的完成總算為世真的這段成長之路留下見證，寫書或許不能改寫人生，但能改寫心境。真心祝福世真用全新的心境來面對未來的人生。

【自序】

何不寫一本書？

王世真

有人說：「生命是一連串與自己戰鬥的連續劇」。

約於去年九月，在報上看見一篇報導，得來高中時代的護理老師—莊桂香女士的消息。

罹患二十年的躁鬱症，病癒後，出了一本名為『三種靈魂』的書，

閱後曾多處尋找芳蹤，最後透過出版社，終能與分別二十八載之久的老師「重逢」，相逢猶如在夢中。

重逢後，細讀老師躁鬱心路歷程，無限感傷、同理心、及同病相憐之情便油然而生，更有一種切身之痛！

書中彷彿見到另一個影子浮現……那個影子是我自己。

無巧不成書；有緣才相逢。天知道筆者的中年亦有漫漫十一年人生黑暗期，

當我處在恐慌歲月中，那段鮮為人知的心獄人生，孰可解？

猶記得帶病回娘家，診療的坎坷病程，那種刻骨銘心之痛，於午夜夢回之際，仍觸痛心扉。

堅定意念下，我開始寫這本書。

漫長書寫期間，深感寫作過程，乃再次自我心理重建。

然而，「時間」已撫平我心靈深處的傷口，我更經歷靈魂的重生。

曾經走過荊棘

兒童時期，未曾學過鋼琴。

滿懷欣喜，開始學琴數日，某日，我的手指竟不期然地在琴鍵上顫抖，此後，學琴夢斷。為此，感傷心碎多時。

婚後，身處南台灣的我，初次無端發病，往後恐慌症與我周旋不斷。三年來，求醫無門。

我的人生頓時三百六十度大轉變，腦海終場浮現一念，以為自己將不久於人世。

此症併發後，我竟然變成無法自處家中，總像逃難式的回娘家治病，且視回夫家為畏途。

三年後，終於求助有門，於台北市立療養院—簡院長的團體心理治療得以穩定病情，方知自身罹患「恐慌症」。

無奈得了此症，使我成為失職多年的母親，拋下家中兩位稚齡幼女，

多年來，她倆過著失去母愛、乏人照顧，無依的小孩。

為此，我經年落淚，痛心疾首，心中對孩子的愧疚之情，無與倫比。

漫長治病歲月，思女心切，惟以文字抒發內心的悲苦，

多年前「皇冠叢書」心情故事第四集之一角，為我刊出一文—『孩子，原諒媽媽吧！』方能表達我對他們的愧疚之聲。

今日，逐字書寫之間，依然不禁悲從中來，淚流不已。

惟願孩子了解這一份從未停止過的愛之外，也請他們收拾起為我受過的心靈傷痕，早日痊癒。

十一年前，國內民眾普遍缺乏對精神官能症之了解，即使專業的醫護人員，亦很陌生，

當恐慌症者到急診室求助（尤其是小診所）常被冷漠對待，即被投以異樣的眼光，此情此景，使我嚐遍雪上加霜的滋味。

外人如此，當然先生以及婆家的人更難諒解，終至家庭關係惡化，加上終年離家治病，以致我的婚姻幾乎是支離破碎。

恐慌症，它掠奪我的心靈，使我失去良多，而且，改寫我三十八歲後的人生路。

經歷過心靈的洗禮，我認為，「人一定要做情緒的主人」否則就會成為它的奴隸。

人的情緒源自對人、事、物之感受，感受源自變數，而生命中卻有著太多的變數，因此，只能期許自己以智慧來處理感受；以理性來接收變數。

更重要的，即是透過「正面思考」努力為自己調整情緒，以期恢復『平常心』。

這本書，原是吾書於一系列的「中華民國生活調適愛心會」會刊，集結而成。疏漏之處良多，但基於對佛法與眾生之熱情，毅然創作此書。

我非常喜歡【波若波羅密多心經】中的一段落：

『以無所得故，
菩提薩埵、依般若波羅密多故
心無掛礙、無掛礙故、
無有恐怖，
遠離顛倒夢想，
究竟涅槃。』

願普天下之人，能身心自在、健康快樂。

回首心路歷程，感謝一路走來伴我度過

人生困境的家人，特別感念終生愛我的年邁父母親。僅將此書獻給他們，以及所有恐慌症朋友。
其次感謝女兒雅芬、愛琳協助整理文稿，備極辛勞。
希望大家喜歡我的書，謝謝。

炎熱的夏季，至澎湖旅遊，與女兒雅芬、愛琳合影於澎湖天后宮前（2002 年）

寒冷的春節，與女兒雅芬、愛琳前往台南七股鄉觀賞稀有動物一黑面琵鷺，合影紀念(1997 年)

目錄

【序文】

【自序】

楔子

打開記憶之窗

往者已矣，而記憶猶新，

今日逐字書寫中，恐慌已漸行漸遠，

霎時頓覺惡夢初醒，

而，內心層層魔障已然消失，

終於，我戰勝了自己。

在我生命中，曾有一段埋藏心底的回憶

年輕時，那些多采多姿的美麗回憶，常叫人緬懷、追憶。
未知終年時，不期然地一段刻骨銘心的恐慌記憶，
多年來，深植我的心靈角落，久久不願輕易觸碰，深怕那晴天霹靂的震撼，捲土重來。
終於鼓足勇氣，悄悄打開這扇屬於我的心窗。
如今重溫恐慌心路，心中一片寧靜，沒有一絲漣漪。
恐慌，已漸行進遠，心中曾有的層層魔障，早已煙消雲散。
此課逐字書寫之際，深深體驗，唯有內心徹底的脫胎換骨，方為百毒不侵的預防針。
『而心靈的獨立，將是最高自由！』
我想寫出一個真實的我；
寫出只屬於我那四千多個不堪回首的往事，那些以晶瑩淚珠串聯的漫長艱辛歲月。
逝去的十一年，彷彿是一個魔咒、一場惡夢、、、

急診室(Emergency Room)

這是第幾次發病了？

一場莫名的急症後，彷彿與急診室結緣似的，常不定時的趕去報到。

躺在急診室的病床上，我迫切的追想發生過的一切，常常因非理性的思考，導致我頻頻發病。

等候醫生到前，凝視著白色的病床、身穿白色制服的護士、留意著急診室擺的氧氣筒設備等等，整個人才緩緩放鬆下來。

當發病時，「醫院」即是我的安全感，亦是我唯一的逃難處。

遊巴里島，攝於蓮花池畔（1997 年）

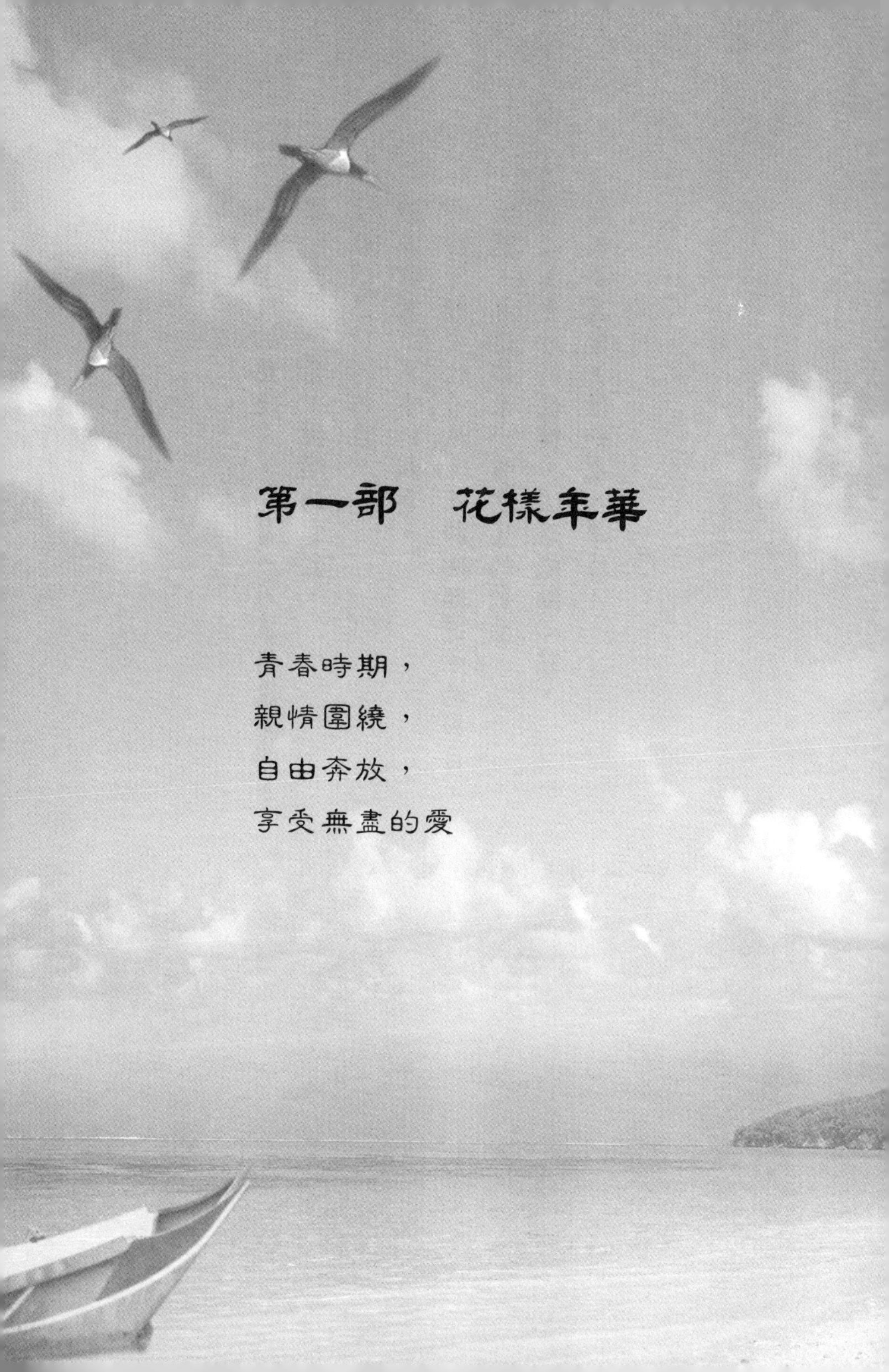

第一部　花樣年華

青春時期，
親情圍繞，
自由奔放，
享受無盡的愛

一個午後的艷陽天，獨自一人在海邊徘徊著
遙望天邊一角，絢爛的雲彩，
使我懷想伊人何在？
沙灘裡留下無盡的相思。
我拎著輕型收音機，正聆聽頻道中的節目，
突然，耳邊傳來一首熟悉的歌曲，
那柔美曼妙的旋律，深深撼動心弦，
我沉醉其中，彷如走入夢境。

Yesterday Once More

When I was young I'd listen to the radio,
Waiting for my favorite songs.
When they played I'd sing alone,
It made me smile……
Those were such happy times and not so long ago
How I wondered where they'd gone But they're back again
Just like a long lost friend All the songs I loved so well

Every Sha-la-la-la .Every Wo-wo-wo Still shines
Every shing-a-ling-a-ling. That they're starting to sing's So fine
When they get to the part..Where he's breakin' her heart
It can really make me cry Just like before. It's yesterday once more

Lookin' back on how it was in years gone by. And the good times that I had
Makes today seem rather sad. So much has changed It was songs of love that I would sing to then
And I'd memorize each word Those old melodies Still sound so good to me
As they melt the years away All my best memories Come back clearly to me
Some can even make me cry Just like before It's yesterday once more

直至今天，這首歌我依然愛戀。
它像我常唸的祈禱文般，清晰的存在我的腦海中，
尤其，是那些重複的片段…當那旋律反覆唱著時，它喚回我久遠的記憶。
那些歌詞，與我此刻的心境，竟如此貼切。
它似乎是為我而唱，
我的心緊緊跟隨旋律而倒帶、、、

喔！就讓時光倒流吧！那舊旋律依然動聽，足以融化我悲傷的心情。
所有難忘的回憶，都一幕幕又回到眼前，點點滴滴都是那麼真實與美好。
有時，我忍不住哭泣，
這一切，彷彿「昨日重現」。

第一章　幸福的女孩

童年時光，熱愛舞蹈。
青春時期，喜歡詩詞、與歌唱。
親情的擁抱，
使我享受無盡的幸福。
這樣的成長環境，
使我察覺到，
自己是個熱愛自由的人。

童年時光，於大家庭中成長，一家人和外公、外婆、一個舅舅、二個阿姨等共同居住。
家人極為和樂，而我與外婆幾乎形影不離。母親口述過，小時後我的模樣長得討喜，
留著長長的兩條辮子、穿著蓬蓬裙，整天蹦蹦跳跳，非常活潑，惹人喜愛。

芭蕾之愛

年約八歲，我剛上小學一年級，個子已長得很高了。
學校經常有舞蹈表演，我常被挑選參加。
對於舞蹈，深感興趣，幾乎到了狂熱的地步了。
某次，參加校內表演，結束時，
母親滿懷喜悅的說：「你舞跳得很好，腿又特別修長，最適合學跳芭蕾舞了。」
聞言後，在好奇心驅使下，我要求母親讓我學芭蕾。
數日後，我如願以償的進入桃園一所名舞蹈社，展開學習課程。
記得我的芭蕾舞鞋，是託人遠至日本買回來的，
母親對我的疼愛，是恨不能摘下天上最閃亮的那顆星，送到我的手心裡呢！
「喔！我真是個幸福的小孩」
假如有人問我：幸福是什麼？我會毫不遲疑的說：『那是擁有母親珍貴的愛！』

城市少女

時光追溯到民國五十九年，那時，我十八歲。

黃金歲月，於記憶之長廊，永遠泛著五彩繽紛的霞光，耀眼奪目，令人目不暇給。

從童年時光，到青春時期，我過得很快樂。

所謂：「少年不識愁滋味」不知是屬於叛逆時期，或是膽大妄為？

在護校一年的實習中途，我竟偷偷地燙起頭髮，因此犯了校規，差點畢不了業。

就讀台北稻江護校，十七歲的城市少女（1970 年）

後經實習主任通融，將功贖罪，才得以抱回我的那張畢業證書。
興趣廣泛的我，喜愛電影、歌唱、逛街、訪友、及閱讀詩、書，而其中最熱愛的莫過於歌唱了。
在六十年代，老式的唱片，是所謂的黑膠唱片，聽歌時，唱片需置於放音機上，
打開電源後，還得煞費其事地將唱針輕擺於唱片上，隨著唱片轉動，音樂瞬間開始……。
那時，當紅的歌后，就屬鄧麗君了。
她的時代代表作－「彩雲飛」、「千言萬語」、「我只在乎你」等歌，
在當時一度風靡全台，掠取了許多少男少女的心。
我像隻愛唱歌的雲雀，又是鄧麗君迷，因此也珍藏她的每張金曲。
當時，並不訝異自己學歌速度之迅速，這像是易如反掌的事。
除了鄧麗君，還有謝雷、張琪、青山、婉曲、姚蘇容等歌星，亦很有名氣，全屬我心中的「偶像」。
課外時間，我總沉醉在音樂的天地，繽紛的生命，散發著青春的活力。
有人說：『人生如一灣溪水永不倒流，甜蜜地固然會逝去，而悲傷的也一樣不回來……』
掀開泛黃了的日記，一股發自童心的喜、怒、哀、樂，蘊藏之各種韻味，環繞在我記憶之小舟。
回首十八歲的歡樂、中年三十八歲的辛酸，那一步一顛跛，今日，已化為一股堅忍的力量。
成長使我更勇敢，而智慧更是黑暗的一盞明燈。
如今，我只能滿懷依戀，哽咽地說：『別了！黃金歲月；別了！花樣年華。』

第二章　遠嫁他鄉

從小至成年，未曾遠離家園。
生活於大都市的我，三十歲遠嫁他鄉，
無疑地，是一大考驗。
定居南台灣一個鄉村後，
因環境適應不良、及種種重大壓力，
身心，已出現潛伏之壓力反應而不自知，
恐慌症－將蓄勢待發了。

依稀記得，那年我二十一歲，剛自護校畢業。不久，於故鄉—桃園找到一份護士的工作。
也許是前世注定的緣分，一個偶然的機會與他邂逅。
不知是一見鍾情？亦是情竇初開的牽引？月光下譜出了一段怦然心動的戀曲。
由相識、交往、到他退伍，約二年之餘的時間，我滿心歡喜地等待。
我是多麼無可救藥的守候著等待中的滋味啊！
「男怕入錯行，女怕嫁錯郎」。
起初，雙親反對這門婚事，深怕嫁得太遠，唯恐我不能適應，一生的幸福堪慮！
而年輕又單純的自己，忽略了愛情背後彼此的了解有何其重要，
僅憑自己的直覺、及當下炙熱的情感，而執意嫁他為妻。
婚宴上，我和所有的新娘一樣，接受中眾多賓客的盛讚與祝福。
然而，愛神從未給我一絲警訊，一心只期盼擁抱祝幸福的生活。
因此，隨著先生搬至婆家，而那是一個小鄉村。
記得婚前，他曾給予我的承諾，是婚後定居「北部」。對於他的失信，心中暗暗感到失望。
然而，傳統的中國婦女，總是以夫為貴，只好嫁雞隨雞的順從。
不料，搬回婆家後，卻是我不幸的開端……。
定居高雄後，新的環境，對我是一大考驗。
也許他疏忽了這一點，於日常生活中開始出現了對我的不滿，

太內向的自己處在大家庭中不善表達，不知如何敞開心扉，
無法和婆家大小打成一片，所以不得人緣。
兩人的互動漸漸起了衝突，我的個性是凡事據理力爭，而先生亦是固執剛強型，
在溝通上時起勃谿。慢慢地，了解到他的脾氣暴躁易怒，有時，一點兒細故，即暴跳如雷。
相處日久，方覺他已判若二人，再也不是我心中那個斯文又深愛我的人了。
對於愛情轉淡，心中怎不感傷？
始料未及，我的婚姻，充斥著一連串的爭執，而且逐漸感到，彼此在言談中話不投機，
最難過的是，當他生氣時，常使我開始覺得緊張、不知所措，一次比一次更甚……。
獨處中，我暗自流淚、傷心。但沒有人知道。
而他，開始不回家吃飯、應酬變多，兩人心靈上的距離更遠了。
我，日漸憔悴、孤寂。

象牙塔裡的女人

由於先生十足的大男人主義，自認為不讓我出去工作，是一種愛的表現。
他希望我是相夫教子、守著家庭的女人。
然而，這對一位社會新女性而言，無疑是在慢性摧殘她的青春與才華。

記得那年，心中有個夢想的藍圖，希望在這個小鄉鎮上開一家相片沖印館，他有支援的能力，但卻冷言冷語、淡漠無情地回絕了我。

在這人生地不熟的鄉鎮，也曾找到一家保險公司的工作。

起初一切都頗順利，深入工作後卻發現，自己人脈不廣，結識的友人不多，沉重的的業績壓力下，又告別保險業務。

山不轉路轉，我仍對於謀職有所希冀，奈何多年來與護理工作脫節，因此想另謀出路，對於高不成低不就我，求職路上，份外艱難。

求職未遇，加上個性內向，因此人際關係不良，

最要命的是，幾乎沒有知心朋友，因此心靈上如乾涸之枯井……

在我狹小的世界裡，僅有丈夫、小孩而已。而先生的心思，從不曾放在我的身上，他把所有的時間全付諸於工作及頻繁的應酬上而已。

綜合生活上點滴束縛，造就我成為象牙塔的女人。

南台灣的八月天，酷熱難當。

黃昏的夕陽儼然如一團火球，高高懸在天空，汗水沿著背脊流下，溼透了一件薄衫。

面對炙熱的天候，知識水平較低，和風景沒有故鄉優美的鄉村，心中一股難掩的懊惱浮現，想把可惱的念頭甩掉般，拿出信紙，靜下心來寫封家書，頓覺心情輕鬆多了。

悄然走進愛情的墳墓

回想這短暫又盲目的愛情，自己不禁啞然。
往日的濃情摯愛，早已煙消雲散。
對於婚姻，心已如止水，悄然走進了愛情的墳墓。
二人懸殊的成長背景、不同的價值觀，皆可促成一連串的爭執和不快。
此時，驚覺一見鍾情的盲目感覺，是如此經不起考驗。
受傷的心靈，悄悄萌生了去意、、、
在我的心裡，常有一個聲音不斷吶喊著：「走吧！走吧！」
而另一個聲音也吶喊著：「不行！不行！孩子需要你的照顧。」
處在兩個極端意識中的我，痛苦的在夾縫中生存。
有一次，他居然提出離婚的要求，如此無情無義的話，竟出於他的口中。
而，我無法答應。只因母愛是與生俱來的天性，不容割捨，
那最叫我牽腸掛肚的…是我的兩個幼女啊！
我開始悔恨，悔恨人生的路竟走至如此充滿危機的地步。
心底千處傷痕，於此忍受復忍受，
一次一次拉扯劇痛不已，這是一條屬於我的不歸路，

永遠的不歸路。

琴韻相伴

真不知道這逝去的八年歲月，該如何細訴？
當時圍繞身邊的女兒還小，無法與我談心解悶，因此心靈上備感空虛。
南部長久的熱天，像是少了「冬季」似的。
起個大清早，修飾裝扮後，走在純樸的鄉間，卻無人留意自己的打扮。
入鄉只有隨俗，退了脂粉胭脂，無形中，已成為純樸的村婦了。
先生是位建商，白天忙工作；晚上忙應酬，返家時間已近凌晨時分，
兩人之間所交談的話題，僅是孩子及生活中柴米油鹽之瑣事了。
獨坐粧台，凝視鏡中人，除了孤芳自賞，總有未知與誰相共的落莫。
他繼續我行我素，扮演著夜歸的男人。
日積月累中，內心已堆積了滿腔的怒火，「夫唱婦不隨」，已是事實。
幸而，在這些孤單的日子裡，唯一能稍稍撫慰我心靈的，是音樂。
是的，只有琴韻，才能傳達我的心聲；才能填補乾枯的靈魂。
找到名師，我很用心學習，課後勤於練習，

在每個寂寞與心煩的夜晚，與琴為伴，彈至忘我時，每每欲罷不能。一旦學會一首動聽的樂曲，常常反覆彈奏著，那深藏內心的豐富情感，於琴音中釋放而出。彈琴，更使我的雙手變得靈活可愛，它譜出我生命中孤寂的美感。琴音悠揚，常引來鄰人駐足聆聽。我，亦從中得到未曾有過的喜悅。

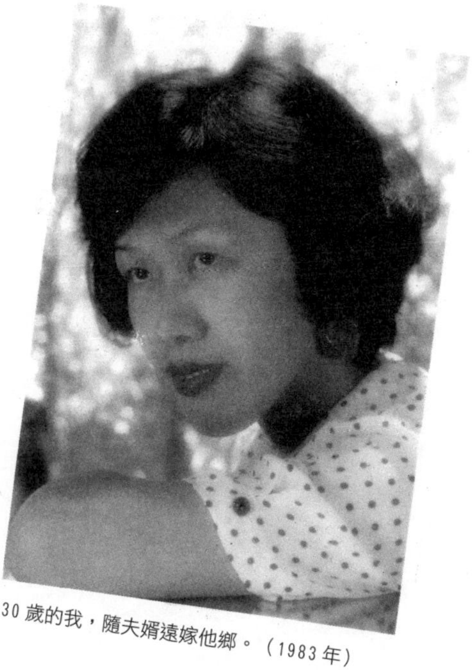

30歲的我，隨夫婿遠嫁他鄉。（1983年）

第二部　生命的困境

生病的苦痛難以筆墨形容，生命的折難又何其作弄
恐慌症，我稱它為－心魔，亦是俗稱的－心病。
它，不發則已，一發不可收拾
這不只是大腦生病，連心理也產生嚴重的障礙。
病後，常因家人高聲說話而驚恐，
伴隨的頭重感，像帶著千金重的鋼盔和恐懼感
這感覺，如影隨形的纏繞我三年之久。

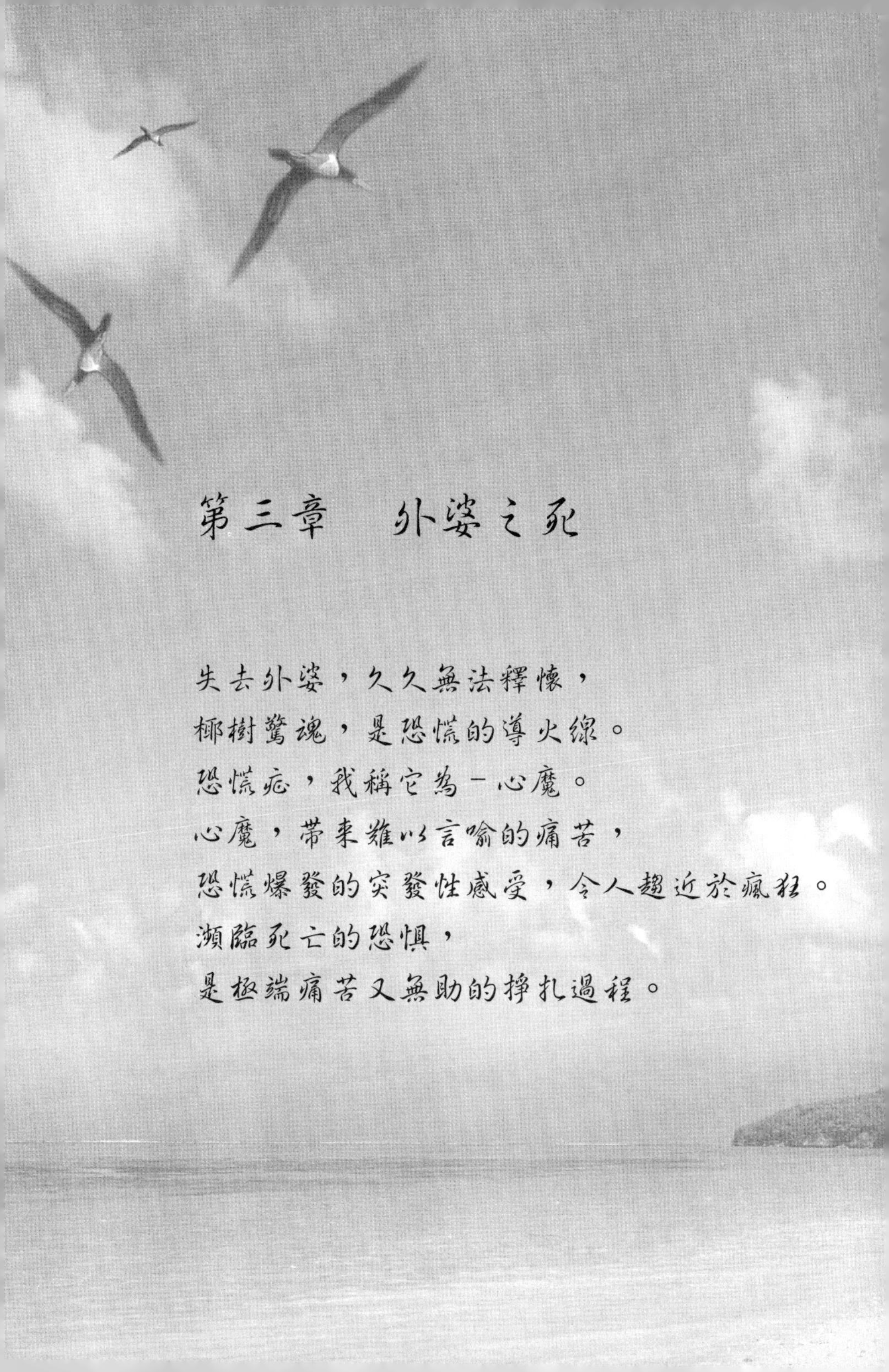

第三章　外婆之死

失去外婆，久久無法釋懷，
椰樹驚魂，是恐慌的導火線。
恐慌症，我稱它為－心魔。
心魔，帶來難以言喻的痛苦，
恐慌爆發的突發性感受，令人趨近於瘋狂。
瀕臨死亡的恐懼，
是極端痛苦又無助的掙扎過程。

外婆之死

無法接受親人死亡的事實，竟造成日後惡夢連連的開始．．．

我知道在永恆的國度裡，總有一天可以再見到外婆，可是眼前，這個沒有外婆的世界，是如此寂寞。

民國六十九年，我懷了第二個女兒，

而我最親愛的外婆，竟因長期臥病，及思念遠在國外的小女兒，與世長辭！

外婆在我的生命中，是具有意義的人。從孩提時期、直到中學階段，與父母、弟妹們，一直與外婆居住。

外婆生了四個孩子，而大阿姨從小就有氣喘病，所以母親必須擔起長女的責任，幫忙外公的生意。

因而，父親是入贅到外公家裡的人。外婆名叫呂黃勤，人如其名，一生勤勞節儉。

當我訂婚時，外子與外婆分外投緣，常稱外婆是一臉富貴像。

生前，外婆很疼我，最懷念她買給我的「紅龜糕」了。我和二妹是她一手帶大的，

每年夏天，外婆回家嘉義娘家，都不忘帶著我。因此，我愛搭火車，就像愛外婆的心一樣。

外婆走的那年，我三十歲。

遽聞外婆之死，在毫無心理準備之下，一夕間，天地變色，心中最深的角落崩塌了。

失去最愛的親人，只能終日以淚洗面，這是一種難以描繪的感覺，不知何處可以宣洩？

這個噩耗傳來，久久使我跌入鬱抑的情緒。我，一直無法接受這殘酷的事實。

在屬於外婆舊式的環境裡，真像做了一輩子的苦工，她何嘗有一日安閒之心？
到了老年，所擁有的一點積蓄，全是終其一生省吃儉用，所積下的血汗錢啊！
在外婆有生之年，她愛我、寵我之情，
深埋我的心坎裡，非短短幾行文字足以描寫，唯有家人有目共睹。
雖然，她勞勞碌碌的過了一生，晚年，老伴兒先她一步離去，
但她唯一的寄託與等待，是她的么女，一個遠赴崇洋求學的女兒；一個當時仍在修博士學位的女兒。
不斷地等待、盼望著綠衣人帶來愛女遠自海外的消息，
她的晚年，心靈是空虛的，但，每當我前去探望，總能見到她會心的微笑與歡欣，
尤其，當我反覆為她念著阿姨自美國的來信時，總為她帶來莫大的慰藉。
外婆去世的前幾年，她受盡了糖尿病的折磨，末期時，足步非常的瘦弱。
在一次不慎的意外，又遭逢跌斷雙腿的命運，在我婚後，她已是長期臥病不起、、、

外婆往生，傷痛揮之不去

一個大風大雨之夜，家裡的電話聲驟然響起，我的第六感己覺不妙，
果然，母親的來電，通知我：「祖母已經病危了！」

次日，外婆死了！我急速的趕至，但是，遠在國外的小阿姨卻遲遲未歸。當她接獲電報，十萬火急趕回，卻已是天人永隔。

這真是最叫人遺憾之事！因為，她老人家在生死交關時，仍眼睜睜等著女兒回家。豈料命運之神這般殘酷，竟讓她老人家含恨而終。

外婆果真死了嗎？她的軀體是死了！，但，精神是不死的。她，永遠活在我的心中……。

外婆出殯之前，一個消息傳來，身懷六甲的我依照風俗，是不能參加喪禮和送行。聽後，我難過的無法言語。這件事，成了我終生的遺憾。

我亦不知外婆是否含恨九泉？怪罪我的不孝。事經多年，我長期、甚或永恆活在內疚之中……。迄今，仍使我悲傷愈恆。

噩夢連連

外婆過世不久，我即遠嫁他鄉。

在陌生的環境，也許一天二十四小時裡，我的腦子不停在胡思亂想。日有所思，夜有所夢，因此，我時常淺眠，睡眠中也很難「平靜無波」。在這段多夢的日子裡，總是夢到外婆。

而，這些片段、零碎的夢，是剪不斷，理還亂，無頭緒的一個個惡夢。
夢中，她變得消瘦無比，看來十分恐怖，我清楚的記得她死了，但是，她的靈魂，
確實常出現我的夢境，見到她的臉，我想躲開，她愈要拉住我，太恐怖了！
有時，我會在夢中驚醒，嚇出一身冷汗
我無法理解，為何怕見到死去的外婆？我很難過、苦惱。
但是，一旦夢醒，我卻感傷她的去世，而淚流滿面。因為，她是我心中摯愛的親人。
傷感的夢，魂縈夢繫多時。那段日子，我常常壓抑自己的思緒，不願再回味那些恐怖的夢境。
有時，懷想外婆去的另一個世界，她是否過得很寂寞？
因此，徘徊我的夢中，欲訴淒清！這個問號，永遠無解。
誰能解我夢境？誰能知我情深？祈願來世與她再續前緣。

屋後一棵恐怖的椰子樹～恐慌的導火線

在身心俱疲的狀況下，潛藏在我體內的危機因子，將蓄勢爆發了。
家中的後院，有一棵醜陋又令人生厭的巨型椰子樹。
黑色禁地，猶如幽靈的廢墟。
嚴冬之夜，縮著身軀，抵擋寒風侵襲。抬眼望向窗外那棵長得很高的大王椰子樹，

頂端的幾片羽葉，飄搖晃動著，彷彿，暗處有著鬼影幢幢。
它，夜夜與我遙遙相對，隨著風的吹動，椰樹發出沙沙沙的聲響，
在一片靜寂中，四周瀰漫著一股顫慄氣息，直較人背脊發寒，頓覺毛骨悚然！
遠望、近看，它像屍骸的斷枝，一下子就顯得無比醜陋，拒絕承認它與我為鄰。
但，它卻帶著自以為是的根活著。
關照自己內心，恐懼節節升起……。

那一夜，鐘敲第十二下，隨心所欲下樓走動時，猛見窗外有黑影晃動，好奇心驅使，
定睛凝視，黑暗中彷彿出現二個鬼魂，赫然矗立窗前！
這突如其來的驚嚇！使我魂飛九霄！連聲音都發不出來……。
幸好那一刻，先生歸來，急忙安慰驚嚇過度的我，
事後，他說我當時嚇到臉都發白了。那夜起，廚房及後院已成為我的禁地。
心靈深處，總覺得庭院裡，有鬼魅出沒。從此，常渴望有一天能夠離開此地。
在此，我裝不出一絲絲笑靨。月亮、星星是我唯一的慰藉，
每一個黑夜，我痴痴等待黎明的陽光……。

生病的苦痛難以形容，生命的折難又何其作弄

在內心深處，有個令我刻骨銘心之夜，那一夜，永遠銘刻在我的心版上！

遠嫁他鄉，居住在一個小鄉村的巷內，

這小巷，夜裡沒有路燈，我非常不喜歡這裡。

在我的潛意識裡，一搬來我就不喜歡這裡。

為什麼呢？這實在是說來話長。

民國八十年十月間，一個深秋寂寥的夜，孤獨的我，守著兩個稚齡的女兒，

在人生地不熟的高雄，我沒有外出工作，交際又少，個性內向的自己，常覺得孤單。

除了先生、孩子外，竟連一位知心朋友也沒有。數著滿天閃爍的星斗；聽著牆上時鐘滴答聲，

清晰的鐘擺聲，聲聲緊扣，煩躁的心弦，令我更加坐立難安。

精采的電視節目，我無心投入。凝視窗外那一片漆黑的靜夜，夜色分外深沉……。

長久以來，我一直不習慣這死寂的黑夜，但我不知能向誰訴說？

面對一個風景沒有家鄉優美的鄉村，常常不自覺的陷入憂鬱裡。

故鄉的夜晚，那些七彩的霓虹燈閃爍，已成為遙遠的記憶了。

夜更深，四下靜悄悄地　，他依然未歸……。

略有睡意的我，突然間天搖地動，那是一種從未有的現象—全身無力、四肢發軟、

心跳加速、一陣暈眩、血壓升高，瞬間快要休克似的，一陣陣瀕臨死亡的恐懼感，使我全身肌肉僵硬，幾乎寸步難行。當時，家中僅有兩個幼小孩子在熟睡著。

我想求救，倉皇中拿起電話。遠在台北的阿姨，關心的聽著，但，遠水救不了近火……。

拖著倉皇無力的腳步，從二樓勉強行走，死裡逃生的我，依稀記得逃往一樓的後院，到隔壁大伯家求救時，我是半走半顛簸才能勉強到達。

感謝菩薩，我居然逃得出去。天知道，那突如其來的「恐懼」，我幾乎崩潰了！

由高齡的婆婆護送到醫院，一老一少，好不容易走到馬路口，幸遇鄰人搭救。

車子直奔某綜合醫院，約十五分鐘的車程。

恐懼感使我渾身發冷、全身無力虛脫的攤在車裡，彷彿死神片刻即降臨了！

本能地，我想到先生，卻無力找尋他。篤信佛教的我，此刻，唯一的寄託，只有求菩薩救我。口中喃喃念著【救苦救難觀世音菩薩】的法號外，一切只有聽天由命了。

到了醫院，檢查過心臟、脈搏、血壓後，都說沒病。但血壓卻已高達二百多、、、所以，只能以注射點滴，及服用降血壓藥劑等一般的急救處理方式。

時間不知過了多久，那種瀕臨死亡的恐懼感，才逐漸消退。

當我問及這是什麼病時，醫生只說：「不明原因」。

天啊！我竟沒有死！怪哉。

自那夜起，內心開始著無休止的恐懼。
至此，我失落自己，已然走入另一個恐懼、又黑暗的世界裡。
一夜間，我成為一個病人。
獨處家中時會慌張，至少需要一人陪伴，我急需安全感。
我病得不輕，一月內頻頻發病，心靈的磨難已趨於魂飛魄散之邊緣。

我是急診室常客

這是個怪病，我是十足的怪人。
心魔，陰魂不散的跟隨著我。當發病時，醫院是我的避難處，我是急診處的常客。
但是，醫生無法根治這極端痛苦的病症。

心靈牢獄

恐慌症，它在精神官能症中，屬於嶄新的名稱。而，我稱它為「心魔」，
它，不發則已，一發不可收拾。這不只是大腦上生病，心理亦產生嚴重的障礙。
（一）身體變得極度敏感，例如：神經質、易驚嚇（當別人說話聲調高也會驚恐）
（二）頭部常出現重物壓迫之「頭重感」

它曾纏繞我三年之久，讓我覺得「生不如死」。
因此，我深信前世今生之說，認為自身業障太重，方得此病。
身心煎熬下，在一次心裡治療時，向醫生訴說著：
「醫生：我的痛苦，就算最親近的人陪在身旁，亦無法取代啊！」
那一刻，醫生的傾聽，是我唯一的安慰了。
恐慌發作，會畏懼逃避，如：對人、事、物等
預期性焦慮、病人的生理、心理症狀往往導致社會功能喪失。
心理障礙是嚴重的致命傷，負面思想更使人走進心靈的牢籠。
某夜，乎又出現胸悶、心悸、不安等症狀，先生有他忙不完的應酬，
家中只有稚女雅芬，急急呼喚女兒陪我去醫院。孩子無法懂得我的痛苦，
而這種無形的病，外表上是看不出來的。
因此，外人只當我是「無病呻吟」與「莫名其妙」了。
女兒天真的問：「媽媽，你為什麼那麼喜歡去打針呢？」
病後的症狀：血壓長高達兩百以上，心悸、呼吸困難、彷彿即將休克等。
活在無奈加上極端的痛苦中，望著孩子關心的眼神，除了強顏歡笑，我無言以對。
當時自身亦不知罹患何病，只能默默接受疾病的恐懼，

以為自己不久於人世。在我的臉上常閃著淚光，查不出病因，家人自不再關懷了。

心中的苦，無人來安慰……。

家人辛苦，病者更淒涼

此時，年邁體弱的公公亦病了，大家庭中有了兩個病人，先生原本不好的脾氣，更加惡化。某日，他剛驅車載公公前往醫院時，我再度發病！也趕來同一家醫院。先生見狀，立即破口怒罵生病的我，且被他誤解我是故意「裝病」，而來湊熱鬧似的……。「我已經夠煩了，你存心整我呀！」

蹲下來休息片刻，勉強行走，但是眼前幾乎看不清前方的路，亦無法自行回家。勉強吃力的呼喚著他，但卻得到一連串的埋怨。

頻頻發病，顯然已使他感到厭惡的地步。從此，當心魔再度造訪之時，我十分無助、萬分掙扎。這「無人能解的病」，只有帶來家人「雪上加霜」的言語，真是嚐遍辛酸與淒涼滋味呀！

「天啊！我究竟活在什麼世界？」我吶喊！

再另一次舊病復發的急救路途，我承受病苦煎熬、外子的斥責聲……。我哀傷、痛苦至極，有如喪家之犬般。

急診後，已是精疲力竭。但，耳邊仍充斥著憤怒的責罵聲，直到家中方休。

那一夜，我承受有生以來心靈的傷害，我心深處滴著血，鮮血淋漓。
獨處時，我開始哭泣，由低低飲泣而至放聲痛哭……。
直到天亮，我昏睡過去，只為，我生了這種「無人能解的病」。

疾病，不僅在於身體殘障，往往在於心理故障──愛迪夫人（美國宗教家）

問神、收驚，無所不試

當「求助無門」時，先生帶我四處奔走，
他們認為問神可以治病，所有人力、物力、精力，
在最無助的情況下，著實盲目地花了不少冤枉錢。
這一點，想來實在對不起家人。
站在神壇前，乩童開始做法事，眼見他一身濟公神明的裝扮時，強忍住心中的不自在。
沒多久，見他走向我的面前指指點點，
莫名的恐懼再度出現，覺得自己猶如生不如死的折磨。
返家後，更病的不成人型。
這一幕，即是「愈收驚，愈害怕」的結果。

就這樣，掙扎的過著狼狽又痛苦的人生。

恐怖之心

廚房，是病發多次的地點。

這種種的困擾，令我迫切想找出病因。

家中的廚房是我親自挑選的顏色，四周是粉紅與乳白相間的花紋壁磚，

廚具，識別具風格的深紅色系列。烹飪，原是我的興趣，

但好景不常，病後的我，竟刻意的迴避廚房，

而，窗外那顆恐怖的椰樹，令我忘之怯步，不願觀望。

心障，使我的生活過得沉重無比，多少次，下廚時心情一點也無法輕鬆自在。

天堂終成地獄，有如世界末日當前。曾有一次，菜只做到一半，又開始緊張了。

結果，被婆婆斥責懶惰、不做家事。其實，是又發病了，只能躺在床上動彈不得。

「哀莫大於無人能解」！我已然走入人生極大的困境。

吃飯，本是一種享受及幸福，頃刻間，我竟不知如何自處？

彷彿活在阿鼻地獄一般……。

踏進廚房的步伐竟步步沉重，身陷其中，如坐針氈，此情此景，未知何以言表！

親人遠來探望

日夜為我焦急的母親與弟弟遠來探病。

見到他們時，病厭厭的我竟連做起來的力氣都沒有，彷彿是重症病患，雙腳不聽使喚、不斷顫抖著，內心也極度不安，呈現焦慮狀態。

聽我敘述後，天資聰穎的弟弟，精心構想出好方法，他重新將廚房做了佈置，靠牆的窗口，張貼了十分美麗的圖畫。因為我很喜歡日本的風光，所以他精心剪裁著，如：櫻花、楓葉、雪景……等等。

經過巧手設計後，廚房已煥然一新了。

柔和的壁紙色彩，取代了原來的景象，霎那間，我已忘卻了內心的恐懼。

親人的支持，給我很大的安慰，心情亦得到不少的紓解。

椰樹驚魂，大徹大悟

事過境遷，如今細細回味，已覺然有悟。南台灣白天天氣躁熱，但晚風吹來卻十分宜人。

那一夜，起風了。在夜色籠罩下、睡眼矇矓之際，誤將搖曳的樹影看成鬼魅的出現，造成一幕人鬼不分的驚悚畫面，驚嚇至死去活來……。

一切唯心所造

原來埋藏在心底的惡夢，乃是心造的幻象。

佛經有云：

【菩提本無樹，明鏡亦非檯；本來無一物，何處惹塵埃？】

佛經又云：

【心無罣礙，無罣礙故，無有恐怖，遠離顛倒夢想，究竟涅盤、、、】

想來，莫非天下本無事，庸人自擾之了。

椰樹驚魂乃是一場幻夢，但罹患『恐慌症』卻是我生命中的一大不幸。

它，嚴重的影響我的家庭、夫妻與親子間的幸福，也使我失去了很多友誼。

只因擔心他人的有色眼光，因此，我的生活圈縮小了。

歡笑在生活中溜走，換來無邊際的痛苦深淵！

恐慌症，改寫了我三十八歲後的人生路。從此，我封閉自己，活在孤單單的世界上……。

逃離恐慌現場—但願死在母親的懷抱

心靈的困窘，是人生最可怕的貧窮。— 慧律法師

環境適應不良，與另一半又無良好的溝通，加上接二連三親人死亡等問題，造成精神上之壓力而致病。

遠嫁此地已數載，然而對環境無法適應，總伺機歸鄉。
同年，夫家有二位親人相繼過世，先是大伯英年早逝；後又是公公高齡往生。當我發病初次，正逢他倆「去世之間」發生，這與醫學報導：「最近失去親人，也較容易引起恐慌發作。」正好相吻合。
恐慌頻頻發作—精神崩潰
恐慌發作初期，在高雄的家中，有數不清的次數。

無法承載死亡之恐懼感

當大伯、公公相繼過世時，記得我走至靈堂上香，心中卻出現沉重的恐懼感，預期性之焦慮，使我在親人的靠別式時，宛如「行屍走肉」之人。慮病之心裡，將我靈魂吞蝕……。
跑急診，沒完沒了。這是世上獨一無二的病，發病總在固定時間。
這屬於我心靈磨難的時間總在「晚上」。黑夜降臨，我便活在人間煉獄。
病久了，換來外子的不悅，及不定時炸彈的強烈死亡威脅下，我終告精神崩潰。
然而，這晴天霹靂的折磨，我一直不知如何向人訴說，心力交瘁下的自己，以為將不久於人世。
痛苦終僅存一個心願—希望死在慈母的懷抱。
請求先生帶我返回娘家，終於逃難式的離開恐慌現場。
回到了台北，見到了母親和家人，備感那份濃郁的親情與溫暖，亦暫時忘掉一切的痛苦。

然而，心魔揮之不去，病情依舊持續增溫著……。

心魔　佔據我的靈魂

心病何處醫？

喪失了健康，快樂漸離我遠去，無邊的恐懼，控制了我的大腦，思維中，只有負面思想。

終日惶惶不安、焦慮、食不下嚥、睡不安穩、心魔主宰了我的靈魂，苟延殘喘的我，活在沒有希望之中。

雖然還活著，這與一具行屍走肉的人又有何異呢？多少日子過得非常孤獨，更無心和友人聯絡，深怕別人以為我得了精神病。

因病，使我無安全感，轉而依賴家人。遠不如女兒的獨立，病得失去自尊、失去自我。

僅有的是，求生不能、求死不成的折磨。

無所不在的恐懼

心裡的疾病，遠比身體的疾病來得更殘酷和痛苦！

疾病帶來的心理障礙，使我與身殘者沒有兩樣。

我害怕獨處，當家人不在視線之內，我立刻不安，恐懼感頃刻襲來。
尤其懼怕黑夜降臨，我變得沒有理性又不可理喻。
在夜的侵襲下，我的腦袋只有一片空白。
因為，在我的外表看不出有何異樣，沒有任何傷口，甚至被家人視為無病呻吟。
而唯一相信我的人，只有—母親。
過度依賴，引來家父責備的言語，使我非常難堪，終於言語上頂撞了他。
使得原本不良的父女關係更加惡化，回首當時真是度日如年，
簡直活在人間煉獄，每日唯有進入夢鄉時，才是我的短暫忘憂時光。
在我有生之年，無法忘卻那段哭笑不得的人生！
佛經中云：「人命在呼吸間。」我們身處的世界，
佛經稱為堪忍的世界—三界無安、苦多於樂。
許多欲樂皆構築於虛幻的感受，待樂境過後，隨之而來即是傾巢的種種苦受。
西方哲學家叔本華（Arthur Schopen Hauer，1788-1860）認為：
「人的生命歷程，本來就是一部痛苦史，因欲求無止境，即使獲得滿足也是短暫的。」

第四章　一位陌生女子的来信

我的另一個靈魂－活在地獄。

它，是病態的。

思想上，過度專注自己。

敏感、憂愁、恐懼使我身心煎熬。

三年来，我封閉自己，活在一人世界。

直到，

收到一封陌生女子的来信，

一切，有了新的轉機、、、

東京大學，醫學部教授久保木富房說：「恐慌障礙發生時，大多會有無法逃避、求助無門的恐懼心態。」

因此，病後的我，害怕獨處家中，三年來，封閉自己活在一人世界，心中的鬱悶難以形容。

家屬在無法了解下，常怪罪我是在裝病、神經質，真是讓人想一死了之。

而自己，也已心如死灰，認為我的病再也醫不好了。

也許，是老天憐憫，民國三十八年的某一天，彷彿天降奇蹟似的，

信箱裡，收到一封信。那是「台北市心理復健家屬聯合會」寄來的一封信。

這封信，意外的幫助我找到治癒『恐慌症』的線索。

好奇的打開信，結果，循線找到了那位好心的蕭小姐。

她誠懇的告訴我，她妹妹得八年的恐慌症，如今已痊癒了，

她勸導我接受台北市立療養院簡院長的『恐慌症團體治療』。

當時，許多挫折令我完全崩潰，所以毅然參加這個治療的行列。

三年來，無助的心靈，終於找到希望。

當我參加了三次團體治療，病友們竭盡所能的給予關懷、扶持、與安慰。

我有了好多朋友，至此不再孤軍奮鬥，亦得到有生之年第一份真摯的友誼。

它滋潤了我這顆嚐遍辛酸痛苦之心，及無限的慰藉。

團體心理療課

團體心理治療，是重要的心理建設。它，是必修課程。

上過團療的課程，我的心情由痛苦漸轉為歡笑，大家齊聚一堂，如手足般的喜悅。儘管是病緣相聚，卻真能獲得病情的改善與突破。

這是個自己無法擺脫的心病、拂不去的陰影，有了認知、心理治療，病才能好轉。走入團療，開始重建信心，肯定自己是正常人。團療課程，共十二次，每週一次，一次二小時課程。這些課程需要有耐心，缺課只會使病情退步，學習與病共存、改變個性及人生觀。不久，心變得開朗、樂觀、上進。治療中，院長鼓勵大家寫作，而這是我從高中時代就很喜歡的一件事。

我開始搖筆桿、投稿。想不到，文章見報了。

第一次上報的文章

民國83年某月，大成報的『經驗分享欄』，刊出了生平第一次上報的文章。題目：「我將從恐慌證中走出來。」

這件事給了我莫大的鼓舞和信心，喜悅的原因有二：一是得到肯定，二是可幫助各角落求助無門的病友循線治病。

就像我得到他人的幫助一樣。
不停的寫作，能治療我的心病，父親也因我的進步態度轉變，開始關心我。
這些，都是使我喜悅的事。

有家歸不得

一到週日，是我最感寂寞、想家的時刻。人在台北，心繫高雄。
當台北市療辦起恐慌症團體治療時，南部卻仍沒有。因此，我必須長途跋涉的看病。
為此，我必須和二個女兒分開，不知老天爺為何如此捉弄我？
我，成了有家歸不得的人。

「夜半驚醒淚溼枕，
家家團圓我獨孤，
日月流浪在他鄉，
何日方能回故園？」
屈指一數，轉眼離家已一載，想到有女失去母親的照料，心中戚戚焉……。
感慨復感慨，縱使心急如焚，欲訴向誰？
寒雨下，唯有獨自抹淚痕，黯然神傷……。

今非昔比

而今，全省各大醫院，皆普遍設立恐慌症團體治療的服務，
這真是恐慌病友之一大福音。因為，病友可免於萬里跋涉之苦呢！

肌肉放鬆訓練

我個人認為，團療課程中最快速有效的訓練，莫過於—『肌肉放鬆法』。
當處於緊張狀態時，到底要如何有效的放鬆自己呢？
這是恐慌症者自救的一門重要功課。
這套訓練在臨床治療上，
可應用於：恐慌症、焦慮症、失眠、頭痛、背痛、慢性疼痛、過度緊張或運動員的訓練。
在平常就需多練習以致純熟，緊張來襲時就可馬上自己學會命令身體，達到放鬆。
在團療室，我們坐在椅子上，錄音機播放著「傑克森放鬆訓練」的步驟。
我們跟著治療師，開始作正確的動作。
一、兩手抬至胸前，成水平位置，用力向前伸直，在用力握緊拳頭，逐次用力後，再放鬆，
然後把兩手慢慢放回大腿內側，感受肌肉放鬆的情形。
二、額頭往上揚，拉緊額頭的肌肉，也是逐次用力再放鬆。

三、頭往中間拉緊，鼻子和嘴也往中間拉緊，形成鼻子和嘴巴都噘起來的情形，逐次用力後放鬆。

四、牙的動作，用力咬緊牙齒，亦是逐漸用力後放鬆。

五、張開嘴巴，再把舌頭用力抵住下排門牙，約十秒，逐步用力後放鬆。

六、下來，要把身體坐正，低頭令下巴抵至前胸，兩手向後用力，使胸膛挺出，也是用力後放鬆。

七、後彎腰的動作，一樣要將身子坐正，第六、七兩個步驟放鬆時，需恢復原來坐姿。

八、兩個深深的深呼吸。

九、後一個動作是，將兩腳抬至水平位置，腳尖向下壓，拉緊腿部肌肉，再逐次放鬆。

十、一切動作完成後，持續整個身體放鬆的狀態，約五至十分鐘。

這些練習的特點，是先做肌肉拉緊的動作，再做放鬆的動作，然後去感受由緊到鬆的過程，在持續保持這種放鬆的感覺，最重要的是去體會肌肉放鬆的感受，並持續延長放鬆的時間。當熟練時，可以在放鬆的命令傳達腦部時，不做任何拉緊的動作，身體自然就會放鬆下來。身體放鬆，相當於製造一個祥和的生理狀態，可以使情緒穩定下來。

肌肉放鬆練習，是一種學來的技巧，要不斷練習才純熟。

每天練習一至二次；每次十至二十分鐘，當緊張來臨時，隨時可以應用上。

倘若遇到恐慌發作，因為我們已將肌肉放鬆技巧練習純熟，那麼即可以「自我語言」告訴大腦『放鬆！放鬆！』而達到目的。

多管下的治療

除了參加團療外，同時，還做門診治療和會談治療。

多重治療下，漸漸地找回健康，而這位治療師，是蔡醫師。

歷經幽暗歲月、跌跌撞撞的人生，慶幸有他。

沮喪、絕望時，他一直牽引我、伴我而行。回首往事，不勝唏噓……。

記得，帶病初至市療候診室時，情況非常惡劣。焦慮程度節節高昇，因此身體不斷顫抖著。

陌生的蔡醫師，露出溫和的態度，給予我情緒的支持。

寥寥數語，卻足以化解我的焦慮。

他以溫和的口吻告訴我：

「不舒服的時候，快告訴自己沒事」、「緊張不是病」、「給自己信心」等話語。

當恐慌或焦慮時，【自我語言】是信心的力量。

揭開恐慌症的神秘面紗

看病至此，我終能了解，自己是恐慌症病人。

病名是：（一）恐慌症合併懼曠症 Panic Disorder with Agora Phobia

（二）廣泛性焦慮症 General Anxiety Disorder

恐慌症合併懼曠症—顧名思義，恐慌發生多次後，併發的種種症狀，使我害怕到很多地方，尤其是陌生的場所。如：公共場所、人潮擁擠的火車站、地下道等。

廣泛性焦慮症—特徵為，針對許多事情與活動傾向過度焦慮與擔憂。其症狀有：浮躁不安、易累、易怒、不易專心、肌肉緊繃、失眠等。

女性約為男性的兩倍。

第一個本我是正常人，腦袋靈活、思想敏銳、能寫作、四肢健全、一切正常。但軀體卻似存有兩個靈魂，另一面，活在地獄的靈魂，是病態的。大腦中沒有別人，只有自己，不過問他人，只在乎自己的死活，整個群體與社會都好像與我無關。如此的我，與佛經所言『地獄道』何異呢？

何謂恐慌症？

恐慌症乃極度焦慮之表現，除了心理上的焦慮（發作時有瀕臨死亡的恐懼與感覺）外，生理上亦伴隨頻脈、呼吸困難等症狀。患者在疾病後期，也常出現憂鬱或「懼曠症」，如：害怕出門，怕到人多的地方，一旦有危險會「逃生無門」，造成個人、社會功能重大損失。

患者易有自律神經系統亢進症狀，故他們常尋求第一線的醫療單位，如：家醫科或小診所，若其心臟呼吸症狀明顯，即尋求其他專科醫師的協助，要不然在急性發作時，急診室亦是其經常拜訪的地方。

根據美國在一九八六年之報告，指出此類患者為數不少，家醫科患者中佔有百分之十三罹患恐慌症，此症若早期治療可有效控制病情，反之，拖延越久，除病況惡化外，亦因患者到處亂投醫，造成醫療資源重大浪費，因此提醒大眾，如果周遭的人有恐慌症症狀，尋求適當的精神科醫師及早治療極為重要。

突破搭火車障礙

當走進團療教室，三週後，即突破心防，解禁多年的心障。喜悅之情，難以形容。雖然，僅是短距離的車程，卻是信心的一大鼓舞。

蔡醫師，正是這條顛頗崎嶇的求醫路上，真誠向我伸出援手的醫師。心理治療時，我的心情是錯綜複雜的。尤其，是對家庭牽掛的心情，無以宣洩，這包袱壓得我喘不過氣來。

此時，陪伴、治療及給予心理支持的人，只有蔡醫師。醫師的話，常常幫助我，克服恐懼感去對抗這種無形的痛苦。

但是，路——還是要靠自己走出去。

如何面對懼怕中的事？

當你肯定你能克服恐懼，你的意識心智便有了決定，你的潛意識力量就得以發揮。因為，潛意識正反應出你的思想。我領悟到，潛意識心智是記憶的倉庫，此外亦知潛意識心智是反應性的，要引起它的共鳴就需放鬆、安寧、充滿自信。雖然我曾有過不愉快的恐慌經驗，這個經驗深印在我潛意識心智中，使我多年都害怕搭火車。其實，恐懼是心中的想法。所以我們怕的只是自己的想法。現在，當我有了新的心態，潛意識給了我無限的力量、信仰和信心，使我克服了恐懼。

改變想法，將決定你的未來。哲學家暨詩人　愛默森說：「做你害怕去做的事，恐懼必然消失。」

我與醫生的心靈對話

我像個小孩(I like a small child)

「醫師，我今天有很大的進步，想不到三年來不敢搭火車，終於做到了。」

突破雖使我喜上眉梢，但心中卻有悲喜參半之感。

醫師：「恭喜你！進步了。咦，看你好像不太高興，為什麼？」

「我是個正常的人，為什麼這麼奇怪？竟然在訓練搭火車，像個小孩的行為，而且，長期的治療中，都在做可笑的行為，我好難過，而且感覺有兩個自我。」

醫師：「這種辛苦大概只有你自己感受最深刻，而且，是無人可以幫你分擔的。」

「怎麼會有這種病呢？大概是前輩子造的孽吧！」

醫師：「唉！等將來你好時，怎麼向人訴說這種感慨呢？是哭還是笑？」（這是醫師常問的一句話）

「我想是哭不是笑（此時無言勝有言）」

醫師：「你可能非常感慨吧！」

「哦！當然。（傷感的低調音……）我會永遠記得的。

雖只是小小的進步，卻是信心的一大鼓舞，

我不知如何以突筆，形容這複雜的內在世界。

「醫生，我想起在團療教室認識的一位男病友。

他在治療中，聲淚俱下的說：

『病中的我，需要安全感，所以當我外出時，總要牽著一個小孩，而那個小孩，就是我的安全感。』

醫師戲謔的說：「到底是小孩帶他走路，還在他在帶小孩？（兩人禁不住苦笑了一下）」

我說：「還有一位女病友，病得更嚴重。她第一次來團體治療課時，

共有四個人護送，她才敢出門呢！其中，有一位是她媽媽，因為媽媽就是她的安全感。」

與醫師談話後，心中感觸更深。

治病中，看過形形色色的醫師、病人。回首前塵，親眼目睹恐慌病人艱辛的治療，

心中有句語重心長的話：『家屬的多方配合，將是幫助病者早日拾回健康之首要。』

愛的搖籃

母親性情溫和，對家庭很盡責，所以很少離開我們。
我和母親很親近，又是長女，她在我心目中，無人可以取代！
母親是很優秀又能幹的女人，而且刻苦耐勞。
在她年輕時，投身於保險界工作，是領導級人物，成績輝煌一時，如日中天，受人敬重。
為人子女的我們，一直引以為傲。在家中，她非常勤儉，並把相夫教子的傳統角色扮演的很好。

分散注意力

母親，最擅長手工藝編織品。
一日，兩人上街，路過一家手工藝品店，母親提議進去參觀，原來，她是用心良苦。
因為，醫師教導我們，必須做很多分心的事情來『分散注意力』，對抗這無形的心病。
在琳瑯滿目、百紫千紅的藝品中，我獨獨挑中一項很美麗又特別的手工藝，叫做水晶珠畫。
那是用一粒粒小水晶珠子，精密粘上圓版，極費時的作品。完成時，不論風景畫或人物畫，
那極富立體的美感，真是可愛極了！
因為喜歡它，加上母親的鼓勵，我第一次非常認真的工作著，
漸漸地，我的病情一步步走向正常、樂觀。

終於在長夜驚慌之廊，走向自信與開朗。

為此，衷心感謝母親偉大的母愛。

心情加油站(Filling station of heart)

病中寂寥的歲月，伴我身邊的只有三個忠實的朋友。

一個是母親、一個是醫師、第三個是從小一起成長的摯友湘湘。

國中的我，個性內向，我倆是屬同一類的，所以，一直很合得來。

隨著年齡增長，各有婚姻的歸宿，但彼此卻不因時空、距離而斷了友誼，

反而緊密的聯繫，情如手足。

這份跨世紀友誼，至今卻是愈陳愈香。

不論失意或得意，她總陪在我身邊，而且，還是最溫柔的傾聽者。

我慶幸擁有這份友誼。

湘湘，在那段心障的歲月，你陪我走過心靈灰暗的日子，我深深感謝。

感謝你，多年來是我心情的加油站。有朝一日，倘我能競選市長時，

願為你頒一個【最佳傾聽獎】。

本文參考書目：心想就能成功一八八頁—一九0頁　希代叢書十三　一九九五年三月第一版

第五章　受苦的人沒有悲觀的權利

障礙，只是海市蜃樓，
一個新生的我，復活了。
走出自己的路，
迎向美麗的人生。

哲人尼采說：「受苦的人沒有悲觀的權利」。
如果說：成長是一個過程，那麼我曾經歷的苦難及歷練，那只是一種人生的學習與試金石吧！
當恐慌發作後，那種排山倒海的致命恐懼感，繼續籠罩著我心深處。

發病現場

記得帶病返娘家的我，心中承受的恐懼情緒，那絕非外人所能夠想像的。
在一次心理治療時，我的思緒漸漸回到當年發病現場—我那高雄的家。
我一直回憶著那幕久久徘徊不去的恐怖情境：
但我仍平靜地訴說著：（描述發病過程約十五分鐘，我顯得激動）
「不要急，放輕鬆……。如果妳覺得不舒服，可以停下來休息。」
醫生溫和緩慢的聲音引導我，我開始做放鬆技巧，這方法可以使我的情緒緩和下來。
「明知山有虎，偏向虎山行。」當我情緒非常穩定時，我笑著對醫生說。
是的，這正是我對發病現場真實的寫照。
在漫長的南來北往治病過程，病情的進步絕非一蹴可及的。
人在醫院，心繫家園，想念女兒的心情和責任感，促使我戰勝病魔的決心，
我對自己說：「戰勝自己！戰勝自己！我不是弱者！」

新生的我

一項醫學實驗報告指出：

人若患了肝病，可以將損壞部份切除，即使切除三分之一，過了兩星期，就可以長出新組織。由此可見，即使在瀕死之邊緣，只要還有一部分健全的器官，仍舊可以恢復健康。

這種強烈的再生力，不得不使我們驚嘆！

那麼，我慶幸自己，曾經飽嘗挫折、跌跌撞撞走過掙扎、佈滿荊棘的心路歷程，然後自己站起來的真實體驗。在漫長的南來北往治病過程裡，病情的進步絕非是一蹴可及的。自信心，是生命的力量。

當我病情進步到恢復自信時，我已轉變為樂觀及開朗的另一個我，而且歸心似箭的準備回家探望先生和孩子了。

歸途中，我反覆思索自己一再逃避的家，至今仍存有些許冒險的心情，顯然信心未達滿分。但我已不想，也不願再逃避它了。一個新生的我，復活了。

障礙只是海市蜃樓

幾年前，我在報上看到一篇報載：

「談到一匹馬，走到路上的一棵樹前便驚跳起來，後來每當那馬走到同一棵樹處，牠就會驚跳。

於是農人把那棵樹挖出、燒掉，又把路面填平。然而，整整二十五年，那匹馬每回走到那棵樹的地點時仍會驚跳，牠之所以驚跳，只因牠記得那棵樹而已。」

這則報導事件中，

我發現那匹馬的境遇與自己相同，牠的心理障礙是那棵樹，而我是怕回到曾經多次生病的家。

昨日種種譬如昨日死，今日種種譬如今日生。

充滿自信的我，已不再膽怯，深信可以突破困難，當回家的第一個夜晚，

我獨處家中，拋開一切負面的想法，用簡單的技巧，克服心中的障礙。

客廳在二樓，保持輕鬆、緩和的腳步上樓，躺在舒適輕柔的沙發上，打開收錄音機，刻意調到正撥放輕音樂的電台，「音樂療法」是此刻我所需要的，它使我更感覺放鬆。

接著，我開始放鬆全身的肌肉。

平靜地、慢慢地、充滿愉快的告訴自己：「我現在很平靜，很放鬆，這裡很舒適，非常安全……。」

輕閉雙眼，我平靜柔和的聲音重複的說：

「我的腳趾放鬆了，我的足踝放鬆了，我的腹部放鬆了，心和肺也放鬆了，雙手和臂膀放鬆了，脖子、腦袋也放鬆開了，臉、眼睛、我的全身都放鬆了……。」

不斷的做著全身的放鬆，心無雜念，排除負面想法的出現，

我重複的告訴自己放鬆，而且連續做五至十次。一直到疲倦而熟睡了。

第一個夜晚，我睡得很安穩，很舒服，且度過一個平安夜。

第二到第四個夜晚，我皆能泰然處之。

到了第五個夜晚，我完全擺脫了焦慮，而且充滿了自信。

家人非常訝異我的一大轉變，我見到他們的臉上浮現稀有的笑容。

「我相信自己，因此才能遠離了害怕。」

感謝上帝，我終於否極泰來了。

外子與我

哲文是外子的名字，早年是一位運動健將，常常參加壘球比賽，拿冠軍對他而言，易如反掌。

加入社團法人團體中，也很優秀，口才佼好，是位領導級人物。

長得英俊瀟灑，交際中也深得人緣，

於家中，他是位鄰人稱讚的孝子，尊敬兄長，對朋友尤其講義氣，熱心腸。

在我住的村中，左鄰右舍很有守望相助的精神。

有一次鄰村發生火災，先生曾在深夜中，奮不顧身的參加搶救的行列。這件事令我記憶深刻及感動。

尚有多次見到路人因車禍受傷，他都會好心搭救、送醫。事後也婉拒傷者任何答謝。

想來他的見義勇為，真是難能可貴。

而我卻不懂得改變自己，由一位都市人變為村婦，常常顧影自憐，沒有加入社團活動，多年來找不到一位知己。
哲文平時喜歡打球，看球賽，我卻沒興趣，在志趣背道而弛下，深感被冷落的孤寂。
定居此地後，他改行從商，隔行如隔山，
因為經商之經驗缺乏，生意經常虧損，從此脾氣轉為暴燥易怒。
而我除了照顧孩子，對他無實質的鞏助，在種種生活及事業壓力下，
他的壞脾氣，變本加厲的惡化。在大男人的作風下，我毫無地位，建言不被接受，
加上長期溝通不良，治病中又數載離家等諸多因素……。價值觀的差異，心靈難再契合，
常常出於口中的關懷，卻得不到他的了解和共鳴。

找到平衡點

人的一生總難免會遭遇種種挫折，
失去一些所愛的東西，卻也會在另一處轉捩點得到了補償，
這一得一失之間，終取得了平衡。
有時瞬間之頓悟，就可改變人的一生。

為了改善不良的溝通，我再度來到市療，參加人際互動團體心理治療。
因為我發現，我的問題與生病，頗有一些關連。
我加入人際互動團體心理治療
多數人都喜歡搶著說話〈性急〉，而不懂得去傾聽，
其實，聽比說更重要，
人際關係好的人都是喜歡傾聽的人，傾聽可以了解別人言行的真正涵意，達到良好溝通，
聽比說更能有效掌握良好的技巧，你的事業和人際關係已經成功了一半。
「人際互動團體」，是值得來學習的場所，
我於此地學習到夫妻間、親子間、婆媳間、朋友間、同僚間等等的關係衝突之解決，
更能從中探討這些不良的關係與病有著密切關連。
課程裡，有成員之互動、有語言與非語言之接觸。
成員由陌生至建立友誼，進而，彼此撤除心防彼此提出個人問題來探討，
其中最有意義的是藉由他人的事件而找到自我的盲點所在，
達到對自我更深刻的了解，以期做到「個性之改變」為目的。
期許大家從團體中學習所得，一一運用於實際生活中，而得到身心的健康。

〈僅以此文向湯華盛主治醫師及心理治療師等致謝〉

孩子是夫妻間情感的橋樑，恐慌症迫使我成為失職多年的母親，終於我揮別恐慌。
點點滴滴皆是愛，聲聲呼喚女兒心。

美麗人生

禁錮的心靈完全解脫了。
加速返家的腳步，心中惦記的是一對可愛的女兒，
微笑自臉龐洋溢。我充滿希望燦爛的陽光，一掃往日的陰霾。
生命不斷的延續，人生的道路仍遙不可知，歷史須靠自己繼續寫下去。
不再回首，我珍惜永恒的現在。
走出自己的路！迎向美麗的人生。

本文參考書目：
約瑟莫非博士：心想就能成功、一六0頁。希代叢書十三　一九九五年三月第一版

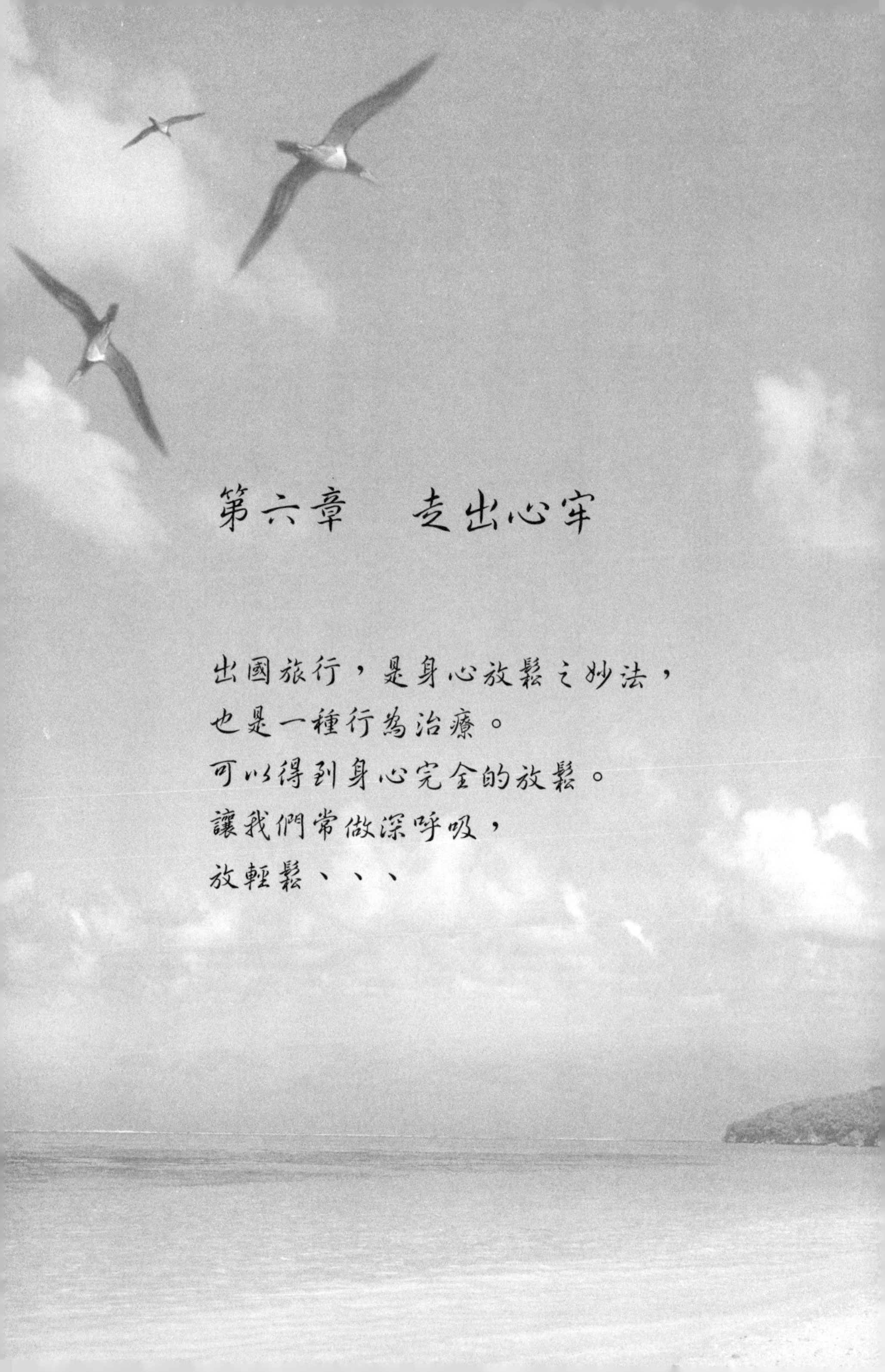

第六章　走出心牢

出國旅行，是身心放鬆之妙法，
也是一種行為治療。
可以得到身心完全的放鬆。
讓我們常做深呼吸，
放輕鬆、、、

每次一小步，一個人就能攀登世界第一高峰

——約翰、華納梅克〈John Wanameker〉

民國八十四年五月三十日到六月六日，是我最愉快的日本八日遊，也是生平的第一次出國旅行。心病的折磨已近四年，我必須改變自己，讓休閒來更放鬆自己，享受樂觀的人生，出國旅行是我期待多年的願望，在一次偶然的機會，弟弟為我安排好赴日旅行，隻身跟著旅行團出國了。

喜悅與驚奇

豪華安穩又大型的亞細亞航機，載我直飛大阪機場。雀躍的心情，寫在我的臉上，因為一直保持愉快的心情，體會機上飄飄然的感覺，吃了一餐美味的機上午餐後，三個半小時時間，一如瞬間，即抵達了日本。

日本的天氣好晴朗，似乎在歡迎我的來到，八日內，有很親切的導遊先生為團員服務，民俗介紹，遊遍日本的中部地區，其屬壯觀的瀨戶大橋，令人目不暇給，以及富士山的風景最美麗，令人嘆為觀止，是此次旅遊之精華所在。

立山黑部，驚喜的一天

立山－黑部，是一段壯麗的山岳之旅，也是我旅遊之定點，不僅風光殊勝，還能在一天時間，搭換八種不同之交通工具，倍增旅途的情趣與驚喜。

雪的世界：雪之壁

由於立山多雪，幾乎整年下雪，是日本大雪的地帶，到了五月中旬的夏天，也積了又高又厚的雪，高達二十公分，皚皚的冰雪堆積於道路兩旁，儼然成為兩面堅固的冰牆，故為「立山雪壁」。

旅遊的第六天，將搭數種登山纜車，橫跨富士山，當通行時，高原巴士便像三明治中的一小塊餡，被夾於雪壁中緩緩前進，身歷其境的我，顯得自己非常渺小，而同時北陸耀眼美麗的雪景，迷惑著我的雙眼時，內心有著一種無可言喻的悸動。

征服了心魔

我的內心由喜悅，轉換為感慨萬千；漸漸的，喜悅的淚水自太陽眼鏡內側淌下來……。

風塵僕僕的來到日本，搭換數種登山纜車，橫跨富士山，壯麗的山岳之旅，令人悸動與驚喜。(1995年5月)

遊日本，立山－黑部峽谷水壩(1995年5月)

這是生平初次出國旅遊，也是心障的最大突破。
想當年病中，只能由母親陪伴，自我設限的在屋內做著手工藝品—「正是這座雪山的風景畫」。
而今日風塵僕僕的來到日本，超越了自我封鎖線，美夢成真。
興奮至極的我，將頭探出窗外，對著山谷吶喊著：「我征服了心魔」！
聲音在虛無飄渺的山谷中迴響著，終於我走出心牢，重獲心靈的自由！
走筆至此，回頭看見病友們仍有鬱鬱寡歡，層層心結之人，
請給自己時間來調適，對於身上未能立即突破的「點」，
勿終日煩惱，勿放棄自己，時間是最好的醫生，只要對自己有信心。
「樂觀的人，會在每個憂患中看到機會」，出國走走，是身心放鬆之妙法！
請記住一句話：「恐慌症絕對不會死，那麼還怕什麼？」
朋友：讓我們一起來吧！
請跟我做兩個深深的深呼吸，然後慢慢地放鬆下來。
繼續放鬆下去，繼續放鬆、放鬆、繼續放鬆⋯
請慢慢的放鬆開來，放鬆、放鬆、放鬆、放鬆下去⋯⋯
再吸氣、呼氣、吸氣、呼氣，越來越放鬆，再吸氣、呼氣，
覺得每一條肌肉都放鬆開來，讓你自己非常的放鬆，覺得很舒服、很舒服，

當你繼續放鬆的時候，你會覺得這種感覺非常的舒服，非常的美好，非常的平靜，放鬆……。

從你頭到你的腳都非常的放鬆、放鬆、再放鬆……

你整個身體會放鬆下來，放鬆、放鬆、放鬆……

踽踽獨行的我，旅行至日本東京（1995 年 5 月）

暢遊日本水晶寶石工廠，離去前與日本小姐合影（1995 年 5 月）

第三部　戰勝自己

我曾看到自己頭腦、
心靈上的重重障礙與磨難；
看到生命無比的脆弱，
但我的靈魂渴望著自由，
於是，
勇敢的征服心魔。

第七章　第一張獎狀

来到國軍北投醫院，
協助團療教學，
這是一件很有意義的事，
心中感到非常榮幸。
得到第一張獎狀
是我在人生舞台
演出最成功的一齣戲。

日子於每週一次的團療課程中飛逝，轉眼已到團療畢業的日子。

民國八十三年一月間，我和一位許姓病友被簡院長和楊聰財醫師邀請至國軍北投醫院，協助成立恐慌症團療之教學，心中感到非常雀躍及榮幸。

走回時光的隧道

來到北投國軍醫院，看到台下坐著一排實習護士，那耀眼熟悉的實習護士裝，使我的思潮走回時光隧道裡……。

時光回到民國六十年，十九歲的我，和一群私立台北稻江護理學校的同學，搭乘一輛大型巴士，前往花蓮國軍總醫院，〈原八〇五國軍醫院〉實習，在醫院的旁邊有海，我可以天天看到海。記得海邊有一個亞士都大飯店。

每個黃昏我和同學常去海邊的沙灘撿拾各色各樣的小貝殼……。沙灘上遺留下多少腳印和找不回的舊日歡笑……。

在美麗的美崙海邊，曾邂逅了一位友人。今不知又在何方？徒留下難忘的回憶。

實習生涯

花蓮八〇五國軍醫院在花蓮市郊，位於美崙。

空氣新鮮，環境優美，最吸引人的是—醫院的旁邊有美麗的海。

記憶中最讓我永生難忘的是—「實習生涯」有如軍旅般的緊張和壓迫感。

每天最緊張的時刻莫過於「morning meeting」了。

大家一早匆忙趕到病房的護理站，第一件事就是令人神經緊繃的詳閱—「護理報告」，內容不乏「死背」每位病人床號及病況等，尤其是病危者的床號及狀況。

在晨間的護理報告上，大夜班護士念完護理報告後，護士長會考問我們病人的各種現況，因為病人的病情是分秒會有變化的，所以責任心尤其重要。

因此，大夥兒在morning meeting時，顯得膽顫心驚、花容失色，深怕被考問時啞口無言，會遭訓斥一番呢！被電！

當時同學們戲稱：護士長會「電人」！我亦有同感。

這是學習生涯中，叫人難以忘懷的一件事。

護校畢業後，曾經是位護理人員，因此精神醫學的基本概念仍存。但當時健康的自己，實無法體會精神病者，深度的痛苦，

雖然課堂上，老師曾囑咐要防範病人突發性的攻擊行為，

但二十一歲的我，仍然以平常心看待病人，從不曾思考過，
他們的世界有沒有痛苦？那又是怎樣的內心世界？
現在我能肯定的說，那是個十分痛苦的內在世界。
我萬萬也想不到，三十八歲的自己，竟成為恐慌症的病人，
至此，我完全可以體會精神病人內心之痛苦世界。

久病成良醫

除了簡院長，隨行還有詹佳真醫師，我和許先生四人。我們四人被邀至會場台上，
主角是我和許先生，兩人分別以過來人的立場、心情，現身說法，及將經驗分享台下的所有醫師群。
這是一次對我具有特殊意義的善舉，除了愉快，也很有成就感。
人生以服務為目的，何況能將「自愛化為博愛」，何樂而不為？
台上的我，談吐非常的穩健，台下的醫師不斷舉手發問，
有關恐慌症的各種問題，尤其是團體療法十二週之療效等，我都對答如流，言無不盡。
就連台下的北投醫院院長，亦十分關心這個問題，頻頻舉手發問著……。
此刻，角色轉換下，彷彿自己成為醫師了。
這一天，未知該如何形容內心的悸動，有一種脫胎換骨的喜悅，

掀開心靈的紗布，不期然的傷口已經痊癒。我找到新的生命。

第一張獎狀

在一次中華民國「生活調適愛心會」的聯誼中，我得到國軍北投醫院院長，特別頒贈的一面感謝狀。這個獎，是上帝贈予的第一份「精神獎」吧！也是我人生舞台的第一張獎狀，事隔多年，這卻是我畢生最大的榮耀，及最有意義的一件事。

疾病千百種，而健康只有一個。

——貝克爾〈德國學者〉

（實習護士）與稻江護校同學們攝於陸軍八一六醫院

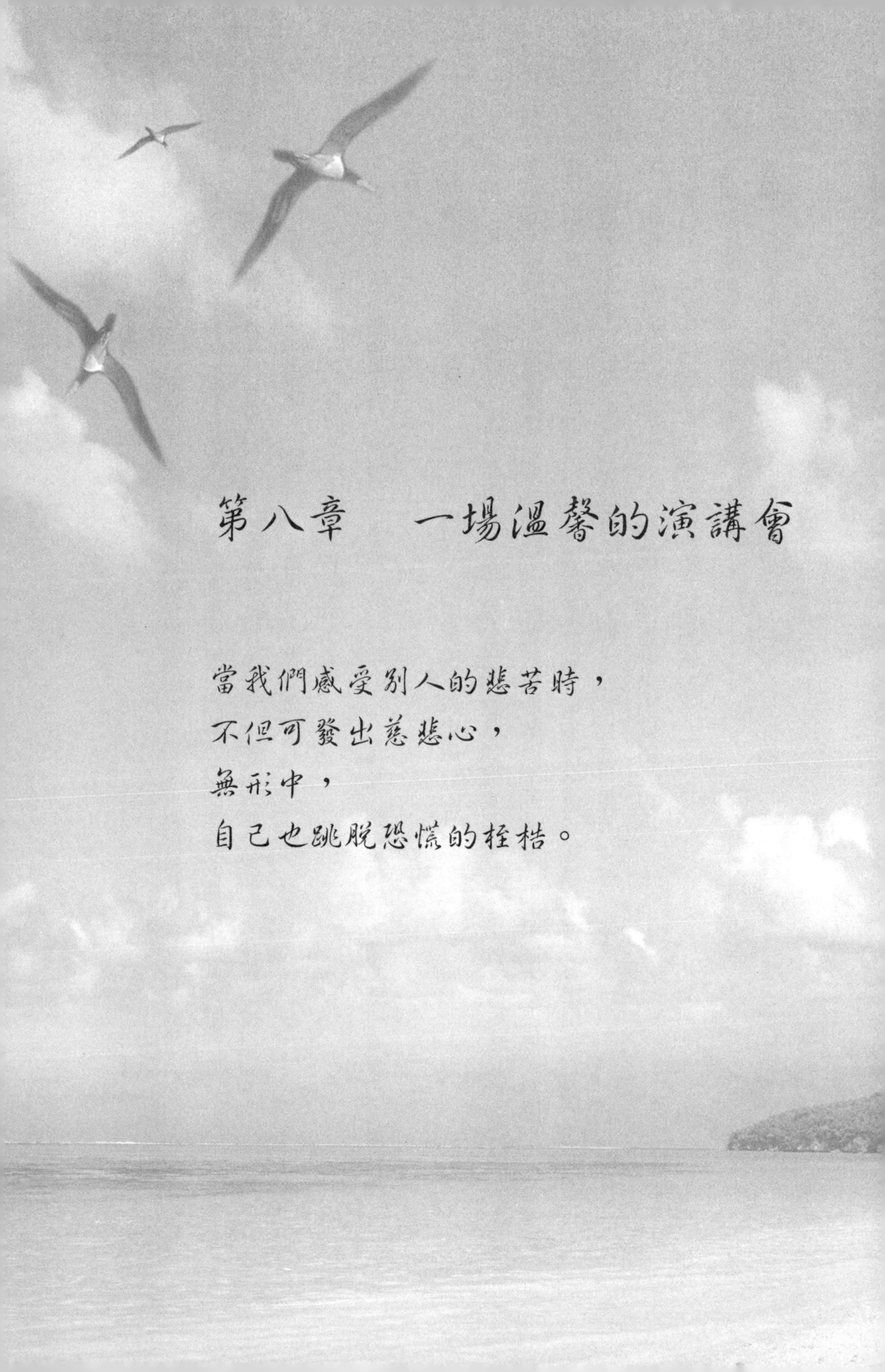

第八章　一場溫馨的演講會

當我們感受別人的悲苦時，
不但可發出慈悲心，
無形中，
自己也跳脫恐慌的桎梏。

愛心會簡介

民國八十三年某月一份聯合晚報，報導一篇『恐慌症』—完美主義併發症。詳述病因、及介紹市療有「恐慌症特別的團體治療」門診，協助患者成功走出恐慌陰影。這篇晚報，眾多得病的現代人，因此循線得救。

目前醫界對恐慌症的治療，以藥物和團體心理治療雙管齊下。

不過市療簡院長指出，藥物只是治標，不能治本。

團體心理治療，則讓患者了解自己不是唯一的「怪人」，有許多同病相憐者，彼此間可減輕內心孤立無助感；

並藉著經驗分享，了解他人，認識自己，從中窺得「恐慌症」的全貌。

記得一位男病友曾說：「當他發病時，真不知自己的腳該如何走路？」

多年來，市療「恐慌症團體心理治療」，已成功地幫助數以千計或更多患者走出恐慌症的陰影。

病症也許無法根治，但他們已知道自己絕對不會死，也不會發瘋〈醫界至今沒有出現過因此病症而死亡、發瘋之案例〉，並且能克服恐懼，走入人群，而且找回自信。

為了追蹤治療，也為了協助眾多不知情的恐慌患者走出幽暗的角落，市療結業的病友特別成立了『愛心會』的互助團體。

這個會主要是提供病友心情上的支援。

普遍的恐慌患者，最需要的是心理上的支持、心結一旦舒解，心理上的病痛便可獲得控制，情感的支持能讓患者在對抗病魔的路途上，走得更順利。

愛心會服務時間：上午九時至下午五時，例假日休息，如有需要歡迎洽詢。

愛心會熱線電話：台北〈02〉27593178

郵政劃撥：18850873

戶名：中華民國生活調適愛心會

在一次愛心會的聯誼，我擔任演講者。

演講的主題：「慈悲的初步」

（慈悲）『傷在他的身、痛在我的心』—証嚴法師

人的最大敵人，就是自己。

體悟慈悲心，可以對抗心魔：恐慌症。

我看過林清玄的「身心安頓」一書，於一章講說慈悲的胸懷，論及慈悲的初步：「感同身受」。

看過許許多多的書，看過很多的偉人傳記，但從沒有過一次像現在這樣的內心受到巨大的震撼以及難過。

這就是，我第一次對慈悲心的感同身受吧！

感受到別人的痛苦，感受到別人的無法解脫……。

希望將一點點快樂給他，使他得到解脫或減輕痛苦；如同對臨終病人的關懷一樣，可以給他帶上一串佛珠。

如遇到剛過世的人，可以為他助念經文幾遍，為他祈禱往生極樂世界，這就是慈悲。

讀此書，我看到世間極為悲慘的故事。

有一次，林清玄去採訪遠在台南縣的北門鄉，一個「烏腳病防治中心」。
進入裡面，看到有幾十個人躺在病床上，而這些人的手、腳全已被截肢了，
因為得了烏腳病是無法醫治的，一定須將手與腳切除，否則將會危急到生命。
生了此種無藥可醫的病症，簡直已經被判了死刑了。真不知世間的極苦有幾種?!
看著幾十個人躺成一排，沒有了手與腳，只剩下身體，非常痛苦的在那裡呻吟著。
當他走進去，看到整個醫院是密閉著的，所有的窗簾全拉了下來，覺得很奇怪，就順手把它拉開。
此時陽光就照了進來。想不到，這時所有的烏腳病病人，都開始呼嚎與慘叫著……。
他一時間，不明白為什麼?更感奇怪?這時，醫生、護士急忙跑進來，痛罵了他一頓，並跟他說:「烏腳病的病人，只能生活在攝氏26度的溫度裡，才不會那麼痛苦!如果天氣太熱、太冷，他們會更痛苦。」
當我看到烏腳病病人的故事後，心中非常的難過，比我自身得過恐慌症，還更深刻的難過。
我不斷的去感受這一種疾病之苦，希望是否可以給予他們些許的幫助。
面對如此淒慘的人，如此淒慘的人生遭遇，
我們心怎能不熱血沸騰?我們的心中都流下了一感同身受的淚珠。
我是一個恐慌症病人，長期自艾自憐，說著自己的不幸，其實比我更不幸的人，太多了。
剎那間，我覺醒了!我仍是很幸福的人。其實罹患了烏腳病的人，才是真正的生不如死啊!
他們是活生生的處於人間煉獄的人。

轉移作用(Displacement)

當我們的心，努力去觀照著別人身上的痛苦時，也是一種轉移作用，而且願意向他人伸出了援手，這是另一種慈悲心的昇華。

就像我們看見了乞丐，因為他的悲苦，所以可以激發我們的慈悲心。而慈悲心在此刻正發出光與熱，它可以對抗恐慌症於無形。

我很榮幸，參加這次的演講。當演講結束時，掌聲雷動，很多人上前與我握手，我得到了全場愛心會朋友的共鳴。

同時，會後，大家也自由樂捐。直接匯寄去：台南縣、北門鄉，烏腳病防治中心。希望表達我們的關懷和心意。

曾經像苦行僧的我，也曾是隻籠中鳥，而今我是萬里遨遊的自由之鳥。羅蘭夫人曾云：「生命誠可貴，愛情價更高，若為自由故，兩者皆可拋。」

人一旦失去自由，生何意義？死又何懼？

那兩行字，從前我不懂，而今，我懂了。

揮別愛心會之友，走在熙來攘往的人潮中，寂寞中有無限的悲情，心血來潮，隨筆寫了一首詩，它，代表此刻的心境：

巴里島　咖啡屋內留影（1997年）

伴我走過

最美的話是用心體會的，
當我跌倒、受傷時，
曾經擁有　你的關懷。
最美的話是用心感覺的，
當我心慌的長夜，
曾經擁有　你的扶持。
最美的話是靈犀相通的，
當我心傷徬徨時，
曾經擁有　你的安慰。
浮雲遊子意
落日故人情
問君能有幾多愁，
恰似一江春水向東流。

時光稍縱即逝，如今我已找到新的人生方向，揭開恐慌症神秘的面紗，把自己親身體驗一一呈現，希望帶領大家一起走向快樂健康之路

後記：台灣烏腳病歷史紀念館，於九十二年五月二十四日正式成立。

台北愛心會聯誼聚餐，與郭鳳珠老師合影於台北市立療養院(1994年)

第九章　心靈的依歸～宗教信仰

生命的動人，
不在它的激情，
而在它的溫和平靜。

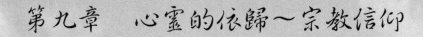

我仍居住娘家。心理調適已虛度不少光陰，在情況穩定下，心中時而冀望找到合適的工作。

某天，電話鈴響，是附近一家廟宇打來找弟弟正輝。電話是母親接聽。

數年前，小弟曾在廟宇幫過忙，因為勤快頗受好評，所以來電詢問復職一事。

然而，小弟旅居國外，母親有意推薦我。想不到片刻之間，我有了新工作。

在母親的無心插柳下，得以心想事成。

找到心靈的家，身心得到安頓。

靈修之地—台北縣・土城三元宮（1994 年）

三元宮之緣

三元宮，開基於清咸豐年間，由先民羅文都自大陸分香來台建廟。日據時代，日人不准台灣民間有宗教信仰，因此三元宮年久失修，迄至民國六十年由當時的信徒發動興建前殿。六十六年間募款建設後殿，七十九年冬竣工初基，並舉行登龕安座大典。

三元宮採傳統與現代相配合之三層建築。大理石牆、青石龍柱、教忠教孝、意義深遠，栩栩如生，廟觀古樸典雅，尤其香火鼎盛，宮裡供奉主神「三官大帝」、觀音佛祖、清水祖師、天上聖母等。

健康的乞丐，比有病的國王更幸福。

～叔本華〈德國哲學家〉

找到工作，心情轉換為開朗，每天過著規律的生活，身體也更健康了。
第一次有此機緣與神明接近，有一種不可思議的感覺。
初次有機會服務人群，上班後的第一件事，就是上香。
於各神位前燒上一大柱香，那一刻是莊重禮佛的時間，然後，一天的工作就開始了。
忙碌的工作，使我將過去的痛苦拋於腦後，空時做些摺香紙等事，以便信徒上香之用。
多出的時間，我仍不忘記看書。
找到了心靈的家，身心得到安頓浪跡天涯的人，有了停泊的港灣。

廣結善緣

面對進進出出虔誠信眾，一張張不同表情的面孔……。
有的心平氣和、有的焦慮的臉上寫滿痛苦。有人面無表情。
觀照別人的心時，亦發現自己比任何人來得清靜與喜樂。
偶爾，見信徒不解籤詩含意，我也幫忙解說，無形中在這個靈修之地，結識了有緣眾生，而成為朋友。

漸漸的，發現自己很喜歡這裡，覺得這裡就像是我的家。
某日，整理桌面時，突然在抽屜中發現一本特別厚的書，好奇心驅使我拿出來閱讀。
這本書、給了我一個啟示，一個深遠意義的啟示。
書中談到古時候，有一位國王得到了一種到處醫治不好的病，他非常苦惱，過著絕望的日子。
有一天，這位愁眉苦臉的國王外出散步，當走到一座廟前，遇到一位師父。
天氣太熱了，國王就在一棵大榕樹下，坐著乘涼。這時，二人很自然的談起話來。
談著談著……國王將他多年來生病的事，一一告訴了師父。
這位師父聽後，呵呵大笑的說：「你的病，是心病。心病要用心藥醫啊！」
國王連忙請教師父幫幫忙。師父以嚴肅而恭敬的表情說：
「你需好好念妙法連華經觀世音菩薩普門品。」倘能天天念，持之以恒，心病必有痊癒之日也。
當我讀到這段時，心中大吃一驚！
因國王生的病，正是自身得到惱人的「恐慌症」。書中所指的細節，完全相同。
這是我第一次接觸經書，而且很認真閱讀它。

誦經使心情平靜

以後，一有空我就學誦經。天天念，盡管又厚又長，我仍會把它念完，而且念很多遍。
念經時，必「心無雜念」，且「一心不亂」。
誦經，是我主修的功課。
而且我深信，深信國王的故事，恰是冥冥中神明給我的啟示。
民國九十二年，年初。一則新聞報導如下：
英國的一項研究報告證明：頌讀經文，有助身心健康，調節人們的呼吸、吐納、幫助血壓下降等……。
因此，我們會更確信心靈修持的重要性。

身、心、靈健康的重要

我們的健康可分為三層：
一、 身體的健康。
二、 心理的健康。
三、 靈性的健康。
而靈性的健康，則尊基於身體及心理的健康。身、心、靈的健康，缺一不可。
如果一個人失去了身體的健康，那靈性是建立於空虛裡。
心理學家或精神醫學家，如果沒有靈性的開展，沒有健康的身體，如何幫別人治療？

因此很多心理學家，後來心理也不平衡，不少精神科醫師，最後也是神經兮兮了。
可見，身心靈三者要互相照應，才不至於不堪一擊。

禮佛

有人說：「當一天和尚，敲一天鐘」。
對我而言而是：「當一天廟公，禮兩次佛」。
清早及晚上拈香禮佛時，可向神明禱告，這是另一種心靈治療；當心靈有所寄托時，心情會更自在和平靜。

佛渡有緣人

管理員工作不久，身體微恙。因發現右胸長了四至五公分的瘤。
心想，糟了！會不會得乳癌呢？這下煩惱與恐懼心不斷襲來。
禮佛至誠的我，早聞土城近郊有一處遠近馳名之佛教聖地—承天禪寺。一心只想前去觀瞻。
承天禪寺，位於三峽與土城之間，即台北盆地西南方之山崗上。
外觀碧瓦白牆，瑰麗非凡。
寺內梵音繚繞，好不清幽。
佇立大雄寶殿前，可遠瞻遠處及入院後的燈海。

因地勢頗高，於高處眺望大台北盆地等景色，份外優美，令人心曠神怡。每天處往信眾絡繹不絕，尤其每逢假日時間，山徑盡是車水馬龍，擁塞難行也。如於傍晚驅車上山，可見夕陽泛紅景象，美景盡收眼簾。
某日，採購鮮花一束，前往寺院。
初臨此地，即被四周環山一片綠意所深深吸引。
這股不凡之靈氣，徜徉於此，更覺神清氣爽。
寺中一片祥和，莊嚴的氣息，更是凡塵裡少有的寧靜。
信徒們，禮佛神情十分恭敬，大家禮佛後，開始靜坐，我緊跟著學習。
往後，我更勤於上山禮佛、跪拜、念經等。
某日上山途中，步上台階時忽見一位師父，站立身旁，對我耳語說：
「妳莫煩惱，妳的身上沒有長癌。放心吧！」
語畢後，這位師父已消失了蹤影。
追憶往事，歷歷如昨。
記得開刀前，曾讓國泰醫院乳房權威—陳凱模院長詳檢。
他曾表示說：「看來不樂觀」。因此，使我憂心忡忡。
想不到手術後證實，我身上的瘤卻是良性的，因此，很快即痊癒了。

陳凱模院長，他對病症的豐富經驗及診斷，一向精準，且技術精湛。
這次碰到我這案，卻診斷有誤，認為是個奇蹟出現。
當我做追蹤檢查時，他曾深表訝異而言：「這僅是他從醫以來百分之一的失誤率也。」因此，嘖嘖稱奇。
事過終年，心仍感恩菩薩慈悲渡我。
心中有佛，是我的信念。
日行一善，是我的座右銘。

宗教信仰是心理治療

人之一生難免遭遇挫折和衝突，天然的挫折如水災、風災；社會的挫折如習俗對個人的壓力；而個人天生的缺陷也是一種挫折。
這些不一定能適時地得到解決，解決一個挫折，另一個又來了，宗教信仰的價值就是如此產生的。
個人雖遭受挫折，但有了宗教信仰，
他可以禱告、燒香、祭祀、跪拜、期待神靈解惑，解脫他所有的煩擾。
「宗教信仰好的一面，就是幫助有困擾、有痛苦的人超脫，
這樣的宗教信仰就是心靈治療。而，牧師、神父、和尚等等就是治療者。」
回首罹患心疾漫漫十一載，深刻體驗宗教信仰的力量。
它，確是治療的一帖良方。

談靜坐

靜坐，能使肌肉放鬆，全身進入深度放鬆狀態。

降低血壓、改善失眠，並安定過度亢奮的身心。

心理會影響身體，所謂養身之道在於動，養心之道在於靜，兩者若能互相配合最好。

靜坐，是修養身心最好的方法之一，它非但能治生理疾病，也能治心理疾病。

人們如能經常靜坐，會使心情平靜，而由於心平氣和，疾病便不易發生，

相反心情時常憤怒、恐懼、悲傷、憂鬱等情緒困擾不安的話，久而久之必易產生多病。

「靜坐」又名坐禪，是佛教專有名詞。它的好處是從身心的反應而被發現，根據日本京都大學〈kyoto University〉心理學教授左藤幸治〈Sato Yukimasa〉博士著〈Zen nosusume〉中的報告，靜坐有十種心理方面的效果：

（一）忍耐增強。

（二）治療各種過敏性疾病。

（三）意志力的堅固。

（四）思考力的增進。

（五）形成更圓滿的人格。

（六）迅速使頭腦冷靜。

（七）情緒的安定。（可治失眠）。
（八）提高行動的興趣、效率。
（九）使身體上種種的疾病消失。
（十）達到開悟的境界。

靜坐緣起

吾於數年前某夜，因失眠起床看書，不經意發現友人相贈之一書『靜坐講義』釋暢懷法師著。書中提到心患者如能每日靜坐兩次、調適爆燥的脾氣、遇順境不喜、逆境不憂，而且用功學習，持之以恒，可得到意想不到的功效。

靜坐，能使肌肉放鬆、釋放壓力，身心得到健康。

靜坐講義，深夜聚精會神閱讀，全書閱畢，不覺天色已亮。

爾後，一邊看書，一邊學習，無師自通。

發心學習數月之久，起初從靜坐五分鐘開始，漸漸可坐三十至四十分之久，終至體驗靜坐功效。它使我精神煥發，頭腦冷靜，情緒穩定，從此告別失眠。

一次機緣，於高雄長庚醫院的團療教室，遇見一位來自阿蓮鄉的吳先生，熱心做了見證，私下兩人研討細節。從此信心、毅力更為堅強。

誠願所有的恐慌症朋友，齊來進行超覺靜坐，以期早日重拾身心的健康。

靜坐的姿勢

靜坐時需將兩腿盤起來，令「心」容易入定。

因身心有連帶關係，佛家之靜坐，教人將四肢蜷縮起來，由於身體收斂，其心容易入定。

所謂：「四肢縮，心必寧；四肢舒，心必散也。」

一、雙跏趺坐（別名結跏趺坐）分兩種方式。

甲、如意吉祥坐：將右腿放在左腿上，再將左腿放在右腿上。

乙、不動金剛坐：將左腿放在右腿上，再將右腿放在左腿上。

二、單跏趺坐（別名單盤膝坐）分兩種方式。

甲、如意坐：將左腿置於右腿上，不需再將右腿置於左腿上。

乙、金剛坐：將右腿置於左腿上，不需再將左腿置於右腿上。

先將左右手掌伸直，手背疊於手掌上，左手在下，右手在上，慢慢貼近小腹，置於腿上，兩大拇指交互輕處，挺胸正坐，眼宜輕閉，耳不外聽，呼吸只用鼻，不用口，嘴唇輕閉，舌頭舐上顎，坐時需要精神集中，務必排除雜念，身體四肢避免移動。

身動心即動，心中散亂，何能入定？
靜坐四句真言如下：「放鬆、安靜、安守、調息。」
將全身放鬆、安靜思想，安守丹田（小腹），聚精會神，調和氣息。逐漸入於細、慢、長之狀態。

揮別「三元宮」

歲月如梭，轉眼三元宮管理員工作，任職已屆滿二載期約已滿，懷著感恩的心，拜別三官大帝保佑。
臨走前，為感恩神明，與摯友貴香合贈一對蓮花神燈，聊表寸心，及永恒的紀念。

本文參考書目：
釋暢懷著：「靜坐講義」。第十七—十九頁、二十一—二十四頁　圓光出版社，民國八五年一月一版
吳靜吉博士：「心理與人生」。四十二頁、四十四頁。大眾心理學，民國七九年八月一日版
姜淑惠醫師：「這樣生活最健康」，一八六—一八七頁。健康之道，一九九九年五月初版

與台北愛心會會友，同遊巴里島（1997 年 11 月 26 日攝）
巴里島的景色美麗，真叫人不忍向它 Say-goodbye
My friend：「下次到巴里島來，別忘了插一朵花在你的頭上」！

第十章　跳脫完美的枷鎖

心隨萬境轉，
轉處實能幽，
隨流認得性，
無喜亦無憂。

～日本森田療法

一語足以頓悟，
當個性變柔軟了，
症狀，也就不藥而癒。

生命不惜短暫，只怕自己的潛力不能發揮到淋漓盡致。

一步一腳印

半年前結束了「三元宮」管理員工作，我又告失業。

二個月後，因緣際會的找到故鄉—桃園，一所國小的工作，職務是辦理行政工作。

青溪緣〈桃園青溪國小〉

對工作懷有高度之熱忱，已戰勝心中七年的障礙，擺脫依賴，突破獨處家中之恐懼，工作四月之久，獨自居住於外地，且個性更獨立了。

喜悅之心難以言喻：

喜悅之一、重返久別二十年的故鄉，桃園早改為市，變得更加繁榮、美麗。

喜悅之二、重逢故人—校長，原本是我國小的音樂老師，她平易近人，重視音樂，校內活動甚多，有大合唱團，校長親自教導，負責又認真，校內鋼琴壞了，校長還親手修復，環保也做得好，見他清早站在校門口指揮學生的交通，我們亦不會懶散了，寬廣之校園容納八十二班學生（含幼稚園）。在此我也更有機會多活動，深深體會「活著就是要多動」之道理。

喜悅之三、曾經受困於病的自己，找不到成就感，卻得到精神官能症之苦，今能在教育界，做著喜歡的工作，及高尚的環境中調適身心的健康，因此覺得日子過得規律又充實，常見到可愛的小朋友禮貌的招呼聲：「老師好」！多欣喜啊！日子一溜煙似的，匆匆走過新生活四個月。

談完美主義者「為了一句話」

有人天生容易衝動，忍不下一口氣，而做出終身後悔莫及之事。為了虛偽幻化的面子，把自己的神經緊縮至硬梆梆。夫妻為了一句話「吵翻天」；朋友為了一句話而「變臉」；也有人為了一句話「大打出手」，甚至有人為了一句話「殺人」。精神官能症者，因具有完美主義的個性，常太在意別人的一句話，而陷於痛苦中，無法自拔。須知，個性是能改變的，切勿執著。學習看開、放下。你的人生將會更圓融；你的心境會更安詳。

學校工作中，我負責全校師生考試的試卷、通知單等的「油印」工作。初期因不熟悉工作環境，挫敗感油然而生，終日悶悶不樂；只因為在意一位同事的言語，憤而想辭職離去！

轉個『念』，海闊天空

心情低落時，想起醫生曾告訴我的幾句話：「不要太在意別人的批評，做自己」。幸而自我冷靜的思索，跳開了求完美的枷鎖，我允許自己有做不好的時候，不在乎別人對我的批評，「我想做真正的自己」這樣，活得才會快樂，不是嗎？

當我放鬆心情工作時，學習效果更加提高，反而很快就駕輕就熟了。

「忍一時之氣，修百年之福」，退一步，海闊天空。

深呼吸，放輕鬆

上班不久的某日，主任交代到一些班級去催繳學生牛奶費，教室建築是扇形的，共有六層樓高。預期的焦慮再度襲上心頭，寂靜的大學校，使我感到陌生，也缺乏安全感。但，我必須擺脫負面之情緒，因為我是健康的人，不能讓思想沉澱於過去不好的記憶裡。拋棄它！我如此對自己說。裝做若無其事大步上樓，其實心中有些許害怕，過不久，一樓至四樓的班級都調查好了，但剩餘的五六樓班級還沒去問，抬頭高望「哇！好陌生、好高喔！」，一個念頭閃過來「我不敢上去」。

再想「算了！馬虎一下就過去了！」
接著另一個念頭又過來，理智再度抬頭。
我做了數次深呼吸、放輕鬆。終於決定「向前走，放輕鬆」。
一念之間，心無掛罣，
硬著緊綳的頭皮上了第五樓，額頭及後背直冒汗，斗大的汗珠粒粒掛滿額頭……。
我明白開始緊張了，
忍一忍，接受它、接受症狀之出現。
不害怕，沒什麼了不起，「頂多再來次恐慌發作而已，我如此對自己說。」
然後我繼續做個深呼吸，緩慢而均勻地吸一口氣、停、用嘴巴慢慢地吐氣，很慢很慢。
再一次吸氣、停、吐氣，我可以做得很好，我放鬆肌肉、我讓肩膀放下，我完全放鬆自己。

自我語言，驅除心魔

恐慌發作是一種極度焦慮的狀態，但困擾患者的除了不定期連發性的發作之外，長期持續性的慢性預期焦慮，更使日常生活受限，而常處於逃避與害怕之中。
簡單的自我暗示，常會產生極大效用，它有解除緊張焦慮的功能，讓我們保持身心放鬆愉快的感覺。

以下是一些正向的自我對話：你可以適時的幫助自己。

不論是在急性發作時有用，也可以降低慢性的預期焦慮。

此時，我溫柔的告訴自己：「我很好、我很正常、我沒病。」

說一遍、二遍、三遍、許多遍。

看到飲水機，水是補充信心的能量。

我告訴自己：「飲水機在前面，放輕鬆、放輕鬆、慢慢來、不會恐慌的。」

我又做兩個深呼吸。

雖然，我踏出的每一步不夠穩，但我還是上了頂樓，突破了心中那個「怕」字。

其實真正的敵人，是自己。

這段自我改變中，我突發奇想到一位大人物，她一直是我心中之楷模。

她即是當今的呂副總統，當時她是「桃園縣長」。

一位最獨立優秀的時代領導者，更是台灣第一位女性副元首。

從跌倒、站起、走出來。

如今我是獨立自主的新女性，在學習、成長過程，感謝一位默默幫助我的人，他是中興醫院—蔡盧浚醫師。

今日，方可改頑石不化的「完美主義」思想，不再受困於自我的痛苦之中。

本文參考書目：陳文鍾：心境探索五十八頁。勵志文集民國八四年八月初版

澎湖旅遊留影（雅芬攝　2002年8月18日）

尾聲　幫助妳走出家庭暴力

结婚是戀愛的墳墓嗎？
端看當事者如何去經營。
愛情不是萬靈丹，
亦非幸福永遠的保障。

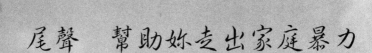

名聞遐爾的俄國大文豪托爾斯泰說過：

「所有幸福的家庭都是相似的，但是每個不幸的家庭，都有它自己的不幸。」

在每個婚姻生命中，總會出現各種問題，也總有高低起伏，

還有行至幽黯深谷之時，當事人又該如何去面對呢？

這是我們無法從學校的課程，學習到的課題。

但，它卻是人生中重要的課題，缺乏心靈互動常是婚姻危機的主兇，

因此，在婚姻中學習如何去愛對方，如何改善彼此間互動的關係而努力，這是婚後最重要的習題。

家庭暴力，悲劇之源

根據某年某月一則新聞報導：〈板橋報導／記者孫蓉華〉

中央警官學校犯罪防治學系主任黃富源指出，已婚婦女可能有五分之一至三分之一曾遭受婚姻暴力。

他從警察系統談婚姻暴力的理論與實際，指出「證據顯示家庭暴力會遺傳」，目睹父母間的暴力行為，極易轉變成對另一人施暴。被毆婦女本身則會產生所謂的「被毆婦女症候群」，會出現焦慮、失憶、情緒激動、身心障礙等困擾。如發現防衛已不可為時，會消極地完全放棄反抗或自衛，甚至會出現過度的敏感與防衛，引發殺害親人的悲劇。

家庭暴力知多少？

根據調查，很多家暴案例中，有相當高比例的受害者仍不了解自我保護；另一方面，我國教育水準相當高，而家暴案中，卻不乏高級知識分子，這顯示推動兩性平權，需更多教育，教導兩性相處之道，並教育婦女同胞如何應對、如何自我保護、如何求救、如何爭取自己權益之重要。

兩年前，我於高雄長庚醫院的安心會當志工時，輔導過一位中年婦人，她曾聲淚俱下的述說：「被先生毒打已有多年，她不反抗，如今已病了多年，隱忍此事至今，早已經是習慣了。」她說的最後一句話，令人難以充耳不聞。

暗夜哭泣者的來信

根據第 33 期女性電子報專題，一位署名「網氏讀者」的來信：

我是一個為婚姻暴力所苦的受害者，我不知如何脫離此一困境。

與他相識是因人介紹，我只抱著做朋友的心態，認識未三個月，他即要求訂婚，由於我沒交過男朋友，太單純了，雖然當時家人反對，但我仍執意與他結婚。

婚後二個月，他就為了小事，把我撞得腦震盪，整個額頭至鼻上方都腫脹且出血，眼睛也出血，當時沒有就醫，也不知道是腦震盪，事隔兩個月後，一直嘔吐，頭暈眩又痛，當時真的是痛苦到直想撞牆，連續看了兩家醫院，情況未見好轉，才到長庚醫院，醫生診斷是腦震盪。

他說人的頭腦像豆腐一樣，不能隨便碰撞，腦是非常脆弱的，經不起任何外力的撞擊。
然而事後他完全沒有後悔之心，照舊因細故打我。
有一回差點把我眼睛打瞎了，又有一回把我的耳膜打破又出血，使我聽不到任何聲音，
我的全身滿是傷口，他的行為令人害怕，簡直是魔鬼，
但因為他的力氣很大，每每使我無法掙脫，抓過之處沒有一處不是瘀青，至今，他仍絲毫未見悔意。
最後一次，他又打我了，我的牙床都被打歪了，又掐我的脖子，我心裡痛苦萬分。
打完後，剛好有一友人來訪，她堅持送我就醫，
但好幾家醫院不敢收我，護士小姐說我傷勢嚴重，叫我趕快到長庚就醫，
到了長庚的急診室，住院觀察了三天，
我的頭部外傷、牙床歪掉，吃東西都會流出來，脖子痛，吞嚥困難、全身碰不得。
我的事一直沒有告訴父母親，因為我怕他們擔憂，所以一直容忍，
如今因傷勢太重，只好回娘家養病，因為舊傷加新傷不斷，好幾次從鬼門關來回幾遍，
如今，我徹底死心了，決定與他離婚，所以請求法院判決。
慢慢的，我才點點滴滴了解他的家庭。
原來他會動手打我的原因，是因他從小看他父親打他母親，他的姊姊有一位精神不太正常，
哥哥也因強姦罪被判入獄，這些事婚後我才了解他是個凶暴的人，一切只怪我當初太單純了。
我從未向人提過我的婚姻，

很高興有這一個網站，希望與我相同的受害者，能勇敢向外求助，因為自己不站出來，沒有人知道，也沒有人能幫助你。

今將我的經歷說出來，未來的路我要活得更有意義，不再讓我的雙親傷痛，也請求法院對我的判決早日有結果。

祝大家擁有健康的身體、快樂的生活。

爭吵一輩子的夫妻

一對夫妻，雙方個性都十分剛強，常因細故起衝突，互不退讓，老一輩的年代，不時興離婚，吵架已是家常便飯，因此爭執與暴力，伴隨他們過一生。〈最是堪憐老人心〉

如今這對老夫妻，雙雙邁入高齡。一個不幸得了老年痴呆症，另一位則早已不醒人事，成了植物人了，兩人都不會言語了，就是想再吵一次架也無能為力了。

上述中的老人晚景，我們見到無限的淒涼與悲哀！

每當見到家暴問題頻傳，總令我思及這對老夫妻的故事，值得讓即將步上紅地毯的新人及愛侶，深思再三。

婚姻問題的癥結「溝通不良」

根據數據統計，超過半數以上的人都是「自由戀愛」而結婚，照常理婚姻生活在自組的小家庭中，不是應該美滿幸福嗎？但，事實卻不然。另一個統計資料又顯示，夫妻不睦的個案中，溝通不良佔有極高的比例。另外，外遇求助的個案中，除了外界的誘惑，也以「溝通不良」為主要的因素。如果於此情況下，雙方又存著人格不成熟的問題，對婚姻關係的殺傷力就可想而知了。

美國「美滿婚姻協會」創始人大衛、梅斯〈David Mace〉曾表示：

「沒有不良的婚姻，只有不良的溝通。」

愛情不是萬靈丹，摩擦衝突在婚姻生活中在所難免，但成熟的人格及夫妻間有著良好的溝通，共同的體認，才是保障幸福的良方。

保護令，保護您

真摯的愛，是沒有傷害。

當婦女不幸遭遇家庭暴力傷害時，無論身體或心理都會受到極大的創傷，生活也將受到惡劣的影響。為了自身安全及我們下一代，免於心靈難以撫平的創傷，請勇敢站出來。

「家庭暴力受害者」向誰求救？

一、您可尋求當地律師的協助，或至當地「社會局」辦理申請「家庭暴力防治法的保護令」。

〈在這段申請保護令期間，社會局的社工員將會安排您的住處如：考量暫時離開危險的情境，至安全的場所，提供情緒支持及保護您，減少您對出庭的恐懼等……。〉

二、求助電話

家暴求助專線：請打「一、一、三」

全省各縣市設有此專線當暴力正發生時，「中止暴力」電話，請立即撥打「一一〇」報案專線。

受理案件有：

（一）　家庭暴力。（包括男性受害人）

（二）　兒少虐待。（18歲以下）

（三）　性侵害。

今適逢情人節，於此佳節吾僅以此文獻給天下的有情人，二十一世紀是女性健康的時代。婦女當覺醒，活出自我、自信、自在、自立的美麗人生。

本文參考書目：賴瑞馨等著，牽手一輩子、三十頁、三十一頁、張老師出版。民國七八年一月十日

附錄　給老師的一封信

惜情

給老師的一封信

惜情

重逢猶如在夢中

天涯海角尋吾師，方知同是傷心人。

今年九月無意中在報紙上看到一篇報導，好像是我高中時代的護理老師-莊桂香女士的消息，知悉她罹患了二十年的躁鬱症，現已痊癒了，且出了一本動人的書—三種靈魂。由天下文化出版，透過出版社，找到了分別二十八年之久的老師。當我在書局買到書，肯定是她之後，驚訝、興奮、傷感、同病相憐之情……五味雜陳在心頭，因為我在九年前得過恐慌症，我想除非同是心病之人，否則無人能懂我內心複雜的感覺……。

接下來，就是開始更積極找到老師的行動。曾試著透過友人像長庚文榮光主任尋問：找過台北健康精神醫學會（老師在那裡當志工）、高雄安心會的一些志工……等等，太多找尋的路線……最後打電話到台北天下文化出版社，透過出版社的牽線，想不到不久後，老師真的回電來了。

同是天涯淪落人

二十八年是不短的人生歲月，我萬萬未料這位當年那樣漂亮又健康的老師，她走過如此艱辛的歲月，而在我的中年亦有過九年黯淡無光的人生，我倆竟會同樣跌跌撞撞的走過這段暗夜之路，天啊！天涯同路人，竟是心靈深處懷念的這位老師！不禁心有戚戚焉。

我是虔誠的佛教徒，當我看到老師的書時，畢竟不知她在何方？也曾乞求菩薩，保佑我找尋到這位歷盡苦難的老師，今日師生能夠重逢，能不感恩菩薩嗎？也許是……「此情世間少，菩薩亦感動」吧！

老師的現身說法

莊老師本著一顆愛心，將她罹患躁鬱症的心路，用真實姓名告白，這是需要勇氣的，而且將可給社會大眾一面最好的鏡子。書中第六章「逃出心獄」中……老師每天提醒自己，雖然有病在身，卻不願露出破綻的痛苦，及「面具的臉孔」裡……「昏倒、是否她走錯教室去上課……」雖然有合理化的解釋，不過她當時卻是信心崩潰了。上述的情境唯有我能完全瞭解，只因我自身得過九年的恐慌症，四年前亦曾在一所國小任職過，她文中描述的點點滴滴亦是我的陳年往事般，可謂一樣心情，兩樣病。

半生情　一生緣

「千人千般苦，苦苦不相同……」老師的病苦自然不在話下，而當我與恐慌症共處的日子裡，也曾經：「活在一人世界裡」。孰可解？那段鮮為人知的心獄人生啊！

不論是我或是老師，我們都是完美主義者，太重感情以致為情所傷，如今我們自己療傷止痛，相信在調整自己人生的方向，及建構正面思想之下，我們將可以活得更健康、更快樂的！

最後，祝老師身體健康，也感謝老師勇敢的現身說法，幫助眾多生病受苦的朋友。

戰勝自己
Fight Against Yourself
細數四千多個心牢的日子

作　　者：王世真
讀者服務專線：07-6253387
電子信箱：alene 0921@yahoo.com.tw
郵政劃撥：19793369　吳愛琳帳戶
主　　編：吳雅芬
編　　輯：吳愛琳
校　　對：吳雅芬
美術編輯：林玫君
全書照片提供：王世真
出版者：文史哲出版社
登記證字號：行政院新聞局版臺業字五三三七號
發行人：彭正雄
發行所：文史哲出版社
印刷者：文史哲出版社
臺北市羅斯福路一段七十二巷四號
郵政劃撥帳號：一六一八〇一七五
電話886-2-23511028　傳真886-2-23965656
定　　價：200元
ISBN 957-549-528-4

國家圖書館出版品預行編目資料

戰勝自己：細數四千多個心牢的日子 / 王世真著
-- 初版 -- 台北市：文史哲，民92
面：　公分…
ISBN 957-549-528-4

1. 恐慌症合併懼曠症　2.　廣泛性焦慮症 - 通俗作品

415.999　　　　92017168